# 文化创意与创业实践

杜韦辰　张　阳　鲍　蓉◎编著

中国石化出版社

## 内 容 提 要

本书全面涵盖了文创产品从设计、研发到商业化的完整流程，分为五大模块，包括文创产品的设计基础、研发思路、设计展示、商业策略以及创业计划书的制定与路演，具有专业针对性强、与文创结合紧密、理论联系实际等特点。

本书适用于设计类、印刷类、数字媒体类等文化创意相关专业本科及专科层次实践教学，也可供从事文化创意及相关创业者学习参考。

**图书在版编目（CIP）数据**

文化创意与创业实践 / 杜韦辰等编著 . -- 北京 : 中国石化出版社 , 2025. 8. -- ISBN 978-7-5114-7840-5

Ⅰ.G114

中国国家版本馆 CIP 数据核字第 2025R4A872 号



**中国石化出版社出版发行**

地址：北京市东城区安定门外大街 58 号

邮编：100011　电话：（010）57512500

发行部电话：（010）57512575

http : //www.sinopec-press.com

E-mail : press@sinopec.com

北京鑫益晖印刷有限公司印刷

全国各地新华书店经销

*

787 × 1092 毫米 16 开本 11.25 印张 186 千字

2025 年 8 月第 1 版　2025 年 8 月第 1 次印刷

定价：42.00 元

# 前言

21 世纪，全球发展进入了创意经济的新时代，文化创意产业成为最具潜力的产业之一。随着我国社会经济的高速发展，文化创意产业得到了广泛关注与深度研究，逐步成为经济转型的重要驱动力。本书正是以这一背景为切入点，结合当前文化创意产业的核心趋势与实训课程实践需求而创作。

文化创意产业的价值在于以创新为核心，通过将文化资源转化为市场认可的创意产品，实现文化价值与经济价值的深度融合。本书涵盖了文创产品从设计、研发到商业化的完整流程，分为五大模块，包括文创产品的设计基础、研发思路、设计展示、商业策略以及创业计划书的制定与路演。

全书内容既着眼于理论研究，又深植于行业实际需求：

在设计基础方面，解析了文化与创意的内在关系，提供了清晰的理论框架。

在研发思路方面，探讨项目调研、文化挖掘等方法，为产品创意提供科学支持。

在设计展示方面，聚焦文化元素的转译和视觉呈现，指导如何将创意转化为市场化的产品。

在商业策略方面，阐述了产品策略、品牌策略、渠道策略及传播推广的关键步骤，为创意创业者规划有效的市场途径。

在创业计划模块，则进一步指导如何整合资源、呈现项目亮点，最终通过路演实现创意项目的条理化与叙事化表达。

此外，书中穿插多个典型案例分析，包括“云南瓦猫”文化创意品牌和“数字敦煌”的数字化保护实例等。这些案例不仅展示了创意与产业融合的生动成果，也为读者提供了可资借鉴与创意启迪的实践经验。

文化创意与创业不仅是创新结合，更是创造与传承文化价值的一种使命。本书力求为广大师生、文创行业从业者及创业者提供一份理论与实践指导兼具的实用参考。同时，也希望通过本书，进一步推动文化创意产业的蓬勃发展。

本书具有专业针对性强、紧密结合文创岗位知识和职业能力要求、专业知识与创意设计及创业实践紧密联系等特点，适用于职业教育设计类、印刷类、数字媒体类等文化创意相关专业本科及专科层次实践教学，教材中实践任务可依据教学实际情况适当调整。

本书编写过程中由杜韦辰牵头，确定定位并编写大纲，整合修订意见，最终定稿。由张阳设计章节结构，完成了 10 万字初稿撰写；由鲍蓉依据教学反馈报告，完成修订版终稿。甘肃四象造物文化创意有限公司负责人杜红怡、甘肃九发文化传媒有限公司负责人姚艳玲担任教材编写顾问，他们为本书提供了专业建议和资源支持，以及大量的案例图片及宝贵建议意见，在此深表感谢。

由于编者水平有限，书中难免会有疏漏与不足之处，敬请广大读者批评指正。

# 目录

# 模块一

# 文创产品的设计基础

## ◆ 主要知识内容

1. 文化创意产业的基本概念和特点
2. 文创产品与文化、创意和产业结合的关系
3. 不同专业与文化创意产业的关联性
4. 文化创意产品的分类

## ◆ 主要实施任务

1. 梳理身边的文化资源
2. 相关企业文化创意业务调查
3. 组建学习互助小组
4. 文化创意创业脑力激荡
5. 模块任务综合评价

随堂笔记

## 学习目标

理解文化与创意及创业间的关系，了解所学专业与文化创意产业间的关系，掌握文化创意产品的基本知识。

# 任务1　认识文化创意产业

## 任务知识

### 一、文化创意产业

从20世纪90年代末开始，文化创意产业由于其自身的特点，被许多国家公认为21世纪全球最有前途的产业之一，呈现出前所未有的发展前景。

“文化创意产业”又称“文化产业”“创意经济”“创意工业”，是指依靠创意人的智慧、技能和天赋，借助高科技对文化资源进行创造与提升，通过对知识产权的开发和运用，产出高附加值的产品，形成具有创造财富和就业潜力的产业。

1998年，英国政府出台《英国创意产业路径文件》，将“创意产业”定义为“源于个人创造力、技能与才华，通过知识产权的生成和取用，可以创造财富并提供就业机会的产业”，包括广告、建筑设计、艺术品与文物、电子游戏、音乐、出版、广播电视等13个门类。

美国哈佛大学凯夫斯教授认为，创意产业是那些提供与文化的、艺术的、娱乐的附加价值相联系的商品与服务的产业。按照凯夫斯的分类，创意产业包括：书刊出版、视觉艺术、表演艺术、录音制品、电影电视，甚至时尚、玩具和游戏。

联合国教科文组织把文化产业定义为：“按照工业标准生产、再生产、储存及分配文化产品和服务的一系列活动。”

我国的一些学者也对文化创意产业的概念进行了探索和界定。金元浦认为，创意产业是在全球化条件下，以消费时代人们的精神文化娱乐需求为基础，以高科技手段为支撑，以网络等新传播方式为主导，以文化艺术与经济的全面结合为自身特征的跨国、跨行业、跨部门、跨领域重组或创建的新型产业集群。它是以创意为核心，向大众提供文化、艺术、精神、心理、娱乐产品的新兴产业。

近年来，中国文化创意产业（文创产业）快速发展，表现出以下几个主

备　注

要趋势和特点。

1. 政策支持推动文创产业发展

国家出台了一系列政策支持文创产业，包括“十四五”文化发展规划、文旅融合政策等，鼓励文化产业创新与数字化转型。

各地设立文创园区、加大对文化产业的财政支持，推动了区域性文化品牌的形成。

2. 数字化与技术赋能

数字技术正在全面改变传统文化创作方式。VR/AR、AI 生成内容、区块链等技术的应用促进了文化创意产品数字化。

数字内容平台成为传播孵化文创的重要渠道，吸引了大量年轻用户。

3. 传统文化 IP 的现代化表达

近年来，以传统文化为灵感的文创产品如故宫文创、敦煌 IP 等成为现象级热门产品。通过时尚设计和数字化传播，传统文化在年轻群体中流行。

影视剧、综艺和动漫在文化输出中结合传统文化符号，提升了大众对中华文化的认知。

4. 文旅融合的加速

文化旅游行业的快速融合，以博物馆经济为核心，通过纪念品、文化体验活动推动文旅消费。例如，长城、故宫等文旅项目不再局限于景区观光，而是强化文化传承和消费层面的创新。文化主题夜游、沉浸式展览等业态也吸引了年轻消费者的关注。

5. 新兴消费需求驱动

年青一代对独特、定制化文化消费产品的需求大幅增长，“国潮”成为文创领域的一大趋势。盲盒经济、潮玩市场的兴起结合本土文化元素，激发文创产业更大的市场空间。

6. 国际化影响力增强

中国文创逐渐走向世界，通过动漫、影视、短视频、游戏等形式对外传播中华文化。

7. 挑战与机遇并存

行业整合难度：文创行业存在较多中小企业，行业碎片化问题较为突出。

知识产权保护：随着文创产品的普及，抄袭和仿制问题影响了品牌原创力。

全球市场竞争：国际竞争者的技术优势和文化产业成熟度给中国文创带来了压力，但也有利于推动产业更快成长。

随堂笔记

备 注

随堂笔记

总而言之，中国文创产业正在走向多元化、数字化、国际化，以其独特的中华文化内涵为核心，借助技术创新与现代商业模式拓展全球市场。虽然挑战不少，但潜力巨大。

## 二、文化与创意的关系

文化与创意有着天然的紧密联系，从某种意义上说，人类的创意与人类的文化是同时产生的。文化为文创产业提供了独特的资源和土壤，而创意则是推动文化价值转化、传播与创新的动力。二者相辅相成，文化为创意提供方向，创意又为文化赋能、再生。

1. 文化作为基础

文化是文创产业的根基，它包括一个国家、地区或群体的历史、传统、习俗、价值观等深层次的内容。文创产业的发展往往依托于特定的文化背景和资源，例如民族文化、地方特色、历史遗产等。在这个基础上，创意能够找到来源，产生新的文化价值。

2. 创意是文化的延伸与再生

创意能够将传统文化资源与现代需求相结合，赋予文化新的生命力。例如，通过现代设计手段、科技创新等方式，传统的工艺、艺术和文化符号被重新塑造，形成适应当代市场的文化产品。创意使文化从“原生态”向更广泛的市场和受众群体拓展。

3. 文化内容的创新性表现

创意不仅仅是文化产品的外在形式，也涉及文化内容的重新构思和表达。比如，在电影、音乐、游戏、动漫等文创领域，创意能够通过新的叙事方式、技术手段和艺术风格，让传统的文化故事和符号获得新的表现形式，使其更加生动、吸引人。

4. 文化价值的市场转化

创意还能够把文化价值转化为市场价值。文化本身可能是抽象的、情感性的，而创意则通过设计、包装、营销等方式，让这些文化元素变得具体可感，形成具有商业价值的产品。比如，在文创商品、文化旅游、数字艺术等领域，创意是文化产业化的桥梁。

**相关事例：**

传统手工艺品的创新：例如，传统的中国刺绣或陶瓷艺术，借助现代设计和创新技术，转化为具有市场价值的商品，这种转化就是文化与创意结合的典型例子。

备　注

随堂笔记

文化节庆与创意活动：通过设计创意活动和产品，文化节庆（如春节、端午节等）能够吸引更多的游客和消费者，提升文化的现代传播与认同感。

数字技术与传统文化结合：虚拟现实、增强现实等技术的运用，也能将传统文化展示得更加生动和互动。例如，古代文化遗产通过 AR/VR 技术被重现，创意则通过新媒介打破时间和空间的限制，带给观众全新的文化体验。

## 三、文化创意与创业的关系

文化创意与创业的关系是相辅相成的：文化创意为创业提供了独特的灵感、市场差异化竞争的优势；而创业则为文化创意提供了实现的平台、实践的机会以及商业化的路径。二者结合，不仅能促进经济发展，还能推动文化的传承与创新。在当今文创产业中，创意已经成为创业成功的重要因素之一，而创业又为文化创意提供了发展的土壤。

与其他传统产业相比，文化创意产业具有独特的特点：

1. 知识密集性

文化创意产业的核心——文化创意产品，以文化、创意理念为内涵，是人的知识、智慧和灵感在特定行业的物化表现，它不同于传统制造业等依靠机器、厂房、资源和劳动力的劳动密集型产业，而是依靠文化创意资源、知识资源、创意群体的高文化、高技术、高知识、高管理的智慧型产业；它不同于传统产业生产的物质产品，文化创意产业的产品可以是有形的商品，也可以是无形的服务。

2. 人才需求高

区别于传统产业以自然资源和物质生产活动为基础，文化创意创业的发展依赖的核心资源是创意，创意决定着文化创意创业的发展空间。创意的产生并非知识的简单叠加，而需要运用人类智慧将其综合以产生“1+1>2”的效果。

3. 附加价值高

文化创意创业是一个文化、科技、信息高度融合的过程，通过文化创意为传统产品或服务提供一般实用价值之外的附加值，提升传统产品的商业价值。文化创意创业的高附加值还体现在其对资源的节约和环境的保护方面。文化创意产品最重要的投入要素是无形的文化和创意，无论是前期的创作生产，还是后期的推广营销，都不会耗费大量资源，对环境的影响也很小。

4. 风险性较高

文化创意创业存在高风险性，主要在于文化创意产品的市场需求是不断变化、难以确定的。相对于实体产业来说，文化需求在人的需求层次中仅能

备　注

随堂笔记

排到第二位，文化产品不是生活必需品，需求弹性大。同时，文化产品属于体验性产品，只有在消费后才能判断产品的好坏，而消费者满意度也相对主观，其成功与否，很少能够根据过去的经济发展形势来做出判断，这使文化生产的供给和需求之间存在较为普遍的信息不对称。例如，某些经过严密的前期市场调研，投入巨资拍摄、制作、宣传的影片，进入院线后仍成为不受市场欢迎的烂片。

5. 关联性强，融合度高

随着经济的发展，原来泾渭分明的产业界限开始模糊，由此派生出很多新的产业形态，产业融合现象日趋增多，尤其是源于数字技术的信息行业之间的相互交叉。文化创意产业是一种“无边界产业”。

## 拓展延伸

1. 什么是轻资产创业

轻资产创业指的是在创业过程中，企业或个人减少对实体资产（如厂房、机器设备、大量库存等）的依赖，通过轻资产模式来降低初期投资和运营成本。这类创业模式强调通过智慧、技术、服务、网络平台等非物质资产的运作，创造更高的价值。

主要特点：

低资本投入：轻资产创业通常不需要大量的资金用于购买实体资产或长期资产。创业者主要依靠智力资本、技术、信息、网络平台等资源来开展业务。

运营灵活：通过灵活的管理和创新商业模式，轻资产创业往往能够快速响应市场变化，具有较强的适应性，能在短时间内进行市场测试，验证商业模式的可行性。

技术驱动与平台型业务：许多轻资产创业公司采用技术驱动，如通过互联网平台、App、在线教育、共享经济等方式进行创业，形成高度依赖技术和服务的商业模式。

2. 文化创意创业与轻资产创业的关系

低资本投入与高创意价值：文化创意创业通常可以在轻资产模式下进行，特别是在当今的数字化时代。创业者可以通过互联网、社交媒体、线上销售平台等方式减少实体资产的投入。例如，在线艺术平台、数字文创产品、虚拟展览等形式都能通过轻资产方式进行创业。

借力科技与平台：文化创意创业与轻资产创业的结合往往体现在技术驱动与平台化运作。例如，利用电商平台（如淘宝、京东、Amazon 等）销售文

备 注

随堂笔记

创产品，或通过社交媒体（如小红书、抖音等）进行品牌营销。这样，文化创意创业便能够降低传统的实体店面、生产线等资产的投资，转而依靠数字平台和网络效应。

快速市场反应与灵活运营：文化创意创业者通过轻资产的方式可以更灵活地调整产品设计和营销策略，以适应市场变化。例如，文化创意品牌可以通过小批量生产和预售模式，迅速获得市场反馈并做出调整，而不需要承担大规模生产和库存积压的风险。

创业成本与风险控制：轻资产创业模式使得文化创意企业可以较低的风险进行市场探索和验证。文化创意项目往往需要不断尝试和调整，以便找到合适的市场定位和消费者群体，轻资产模式为这一过程提供了更大的灵活性和成本控制方案。

## 案例剖析

### 案例1：云南瓦猫

云南瓦猫创业是一个充满创意和文化底蕴的领域，主要围绕云南传统的瓦猫形象进行产品开发、文化传承和市场推广。

（1）瓦猫文化概述。

瓦猫，作为云南传统民居中特有的建筑装饰，一般用陶土制作，成型后上釉烧制而成。它常被安置于房屋门楣或屋顶正脊飞檐上（见图1-1），具有驱邪避煞、聚气纳福的寓意。瓦猫虽被冠以猫名，却寓虎于猫，取虎凶猛无畏之意。随着时代的变迁，瓦猫的形象及寓意也在不断丰富和发展，成为云南文化的重要组成部分。

备 注

图1-1 云南屋脊上的瓦猫（图片来源于网络）

随堂笔记

（2）创业背景与动机。

云南瓦猫创业的兴起，离不开对传统文化的热爱与传承。许多年轻的陶艺师和创业者在深入了解瓦猫文化后，被其独特的魅力和深厚的文化底蕴吸引，决定投身于瓦猫产品的开发和市场推广中。他们希望通过自己的努力，让更多的人了解并喜爱瓦猫，同时也为传统文化的传承和发展贡献自己的力量。

（3）创业实践与成果。

产品开发：云南瓦猫创业者结合现代审美和市场需求，对传统的瓦猫形象进行了创新和改良。他们不仅保留了瓦猫原有的驱邪避煞、聚气纳福的寓意，还融入了更多的现代元素和创意，开发出形态各异、小巧精致的瓦猫摆件、茶罐、香炉等手工艺品（见图 1–2、图 1–3）。这些产品不仅具有观赏价值，还兼具实用价值，深受消费者的喜爱。

文化传承：云南瓦猫创业者深知文化传承的重要性，他们通过举办展览、开设课程、走进社区和校园等方式，积极推广瓦猫文化。他们不仅向消费者介绍瓦猫的历史渊源、制作工艺和寓意等，还邀请消费者亲手体验制作瓦猫的乐趣。这些活动不仅增强了消费者对瓦猫文化的了解和认同，也激发了他们对传统文化的热爱和尊重。

市场推广：云南瓦猫创业者注重市场推广和品牌建设，他们通过线上线下相结合的方式，将瓦猫产品推向更广阔的市场。线上，他们利用电商平台和社交媒体进行宣传和销售；线下，他们参加各种展览和市集活动，与消费者面对面交流互动。这些努力不仅提高了瓦猫产品的知名度和美誉度，也促进了瓦猫文化的传播和发展。

（4）成功案例。

备　注

张航与瓦猫博物馆：张航是云南瓦猫创业者的代表人物之一。他创办了云南第一家瓦猫博物馆，并申报成为市级瓦猫非物质文化遗产传承人。他不仅致力于瓦猫产品的开发和制作技艺的传承，还通过举办展览、授课等方式积极推广瓦猫文化。他的努力让更多的人了解了瓦猫这一传统民间瑞兽的魅力，也让瓦猫文化焕发出新的生机与活力。

王子强与云溪陶工作室：王子强是另一位云南瓦猫创业者的杰出代表，他毕业于玉溪师范学院美术学院雕塑专业，在大学期间就对泥塑产生了浓厚兴趣。毕业后，他成立了云溪陶工作室，并投身于瓦猫产品的开发和制作中。他通过改良和创新瓦猫形象，开发出多种形态各异、小巧精致的瓦猫工艺品。同时，他还积极参加各种展览和市集活动，将瓦猫产品推向更广阔的市场。他的努力不仅让更多的人了解并喜爱瓦猫文化，也为传统文化的传承和发展做出了积极贡献。

随堂笔记

图 1-2　瓦猫文创饰品——娜只瓦猫（图片来源于网络）

图 1-3　白族甲马版画与瓦猫（图片来源于网络）

## ◆案例 2：广东 HEA 品牌◆

（1）品牌背景与起源。

品牌名称：HEA，源自粤语，意为“寻找、发现新事物”，其延伸含义为开心、简单、无所畏的生活态度。

创始人背景：创始人周皓晖从小就对龙狮文化有着浓厚的兴趣，并在读书期间深刻体会到传统文化的魅力。他选择到醒狮之乡佛山工作，决心将非遗文化通过潮牌的方式发扬出去。

品牌理念：HEA 致力于将传统醒狮文化与现代潮流元素相结合，创造出全新的国潮文化载体。品牌鼓励年轻人一同探索，勇往直前，无所畏惧，同时不忘根本，坚持传承和发展传统文化。

（2）产品设计与创新。

IP 形象：HEA 以岭南醒狮形象为 IP 原型，加入潮流元素和现代表现手法，创作出潮版“醒狮新世代”小狮子 IP 形象（见图 1-4）。每个季度都会定期延展出众多原创国潮形象，并巧妙融入服饰和生活中。

备　注

随堂笔记

产品线：除服装外，HEA还拓展了箱包、文具、生活用品、体育用品等文创周边产品。这些产品不仅具有实用性，还融入了醒狮文化的元素，让传统文化以更时尚的方式呈现给消费者。

图 1–4　HEA 品牌醒狮标识
（图片来源于网络）

原创设计：HEA的所有产品都是团队原创的，设计师们根据所感受到的岭南文化进行创作。店面也多数采用岭南建筑风格，青砖、木雕等都是围绕岭南文化来呈现的。此外，店里展示的狮子头都是专门邀请佛山做狮子头的老师傅重新扎作，再涂上HEA设计搭配的颜色，让狮子头看起来更动感更潮流。

（3）市场布局与营销策略。

①市场布局。

线上：2018年以前，HEA主要专注于电商市场，积累了丰富的线上销售经验。

线下：从2018年开始，HEA涉足线下门店，已在全国范围内开设200多家实体门店，覆盖了北京、深圳、重庆、成都等15个中心城市。

②营销策略。

联名合作：HEA与广汽、双鱼、腾讯、新华书店等不同行业的品牌企业推出联名产品，通过联名合作扩大品牌影响力，接触不同的客户群体。

线上线下融合：HEA注重线上线下融合，通过电商平台和线下门店共同推广品牌和产品。同时，还开设了多个直播间，利用直播带货等新型营销方式来吸引消费者。

图 1–5　HEA 品牌店内陈设的醒狮元素
（图片来源于网络）

文化体验：HEA不仅提供产品购买服务，还注重为消费者提供文化体验。例如，在龙狮文创馆中收藏并展出300只形态各异的狮头（见图1–5），让消费者更深入地了解醒狮文化。此外，还推出了HEA啡茶、龙狮客栈等文化体验项目，让消费者在享受产品的同时，也能感受到传统文化的魅力。

备　注

随堂笔记

## ◆案例 3：兰州不目制造◆

（1）品牌背景与起源。

品牌名称：不目制造。

起源：李梦宇最初只是出于好玩，设计了一系列以兰州方言为基础的表情包，并在网上发布，受到了广大网友的喜爱。后来，他发现市场上存在很多抄袭和侵权的商品，于是决定亲自创办一个结合兰州本土文化和潮流元素的文创品牌，即“不目制造”。

（2）产品设计与创新。

产品种类：不目制造的产品种类丰富，包括手机壳、T 恤衫、车贴、徽章、帆布包等十多种品类，后来扩大品类范围，包括家具地垫、首饰耳环、玩具盲盒等（见图 1–6）。

设计灵感：不目制造的产品设计灵感主要来源于兰州本土的文化，如方言、习俗、童谣、建筑等。创始人李梦宇将这些元素巧妙地融入产品中，使产品具有独特的兰州韵味。

创新点：不目制造在产品设计上注重创新，不仅保留了兰州方言的精髓，还融入了现代潮流元素，使产品既具有传统文化底蕴，又符合现代审美趋势。

图 1–6　兰州不目制造“方言”手机壳及其他文化印刷品类（图片来源于网络）

备　注

（3）市场定位与推广。

市场定位：不目制造的市场定位主要是面向兰州青年和小众文化爱好者，同时也吸引了一些外地游客和网购消费者。

推广方式：不目制造在推广上主要采用“人传人”式的口碑宣传，以及微信群等社交媒体平台的推广。此外，还计划通过联名合作、参加展览等方式扩大品牌影响力。

（4）品牌文化与社会影响。

品牌文化：不目制造的品牌文化主要体现在对兰州本土文化的传承和创

随堂笔记

新上。创始人李梦宇希望通过这个品牌，让更多的人了解和喜爱兰州文化，同时也为兰州的文化创意产业作出贡献。

社会影响：不目制造不仅为兰州的文化创意产业带来了新的活力，还促进了兰州文化的传播和交流，同时也为其他地区的文创品牌提供了有益的借鉴和启示。

## 任务实施

1. 利用个人资源清单表梳理身边熟悉的文化资源

（1）任务背景。

文化创意的核心是将熟悉的资源转化为创新价值。对自身周边文化资源进行整理与分析，挖掘潜在的文创开发方向，有助于培养敏锐的文化洞察力和资源整合能力。

（2）任务目标。

①学会运用资源清单工具梳理并归类文化资源。

②发现日常生活中可转化为文创产品的潜力元素。

③为后续文创设计提供素材积累和灵感基础。

（3）任务要求。

①制作个人资源清单。

学员需根据自身情况，从以下维度列出与自己相关的文化资源：

• 地理资源：家乡或常住地的特色文化（非遗、风俗、手工艺、景点等）。

• 人脉资源：亲友、同事或认识的人拥有的文化技艺（如擅长民乐、绘画、书法等）。

• 兴趣资源：自己的兴趣爱好及特长（如音乐、摄影、动漫等）。

• 学习资源：在校学习中接触的课程内容、课外知识等。

• 生活资源：日常生活中接触的文化元素（如街区建筑、餐饮美食等）。

以表格形式展示（提供模板供参考）。

示例：

| 资源类型 | 资源名称 | 说明 | 是否有潜力开发 |
|---|---|---|---|
| 地理资源 | 故乡特色节日“花灯会” | 民俗活动，视觉吸引力强 | 是 |
| 兴趣资源 | 汉服穿搭摄影 | 曾组织朋友拍摄活动 | 是 |
| 人脉资源 | 外婆的刺绣技艺 | 擅长传统刺绣作品 | 是 |

备 注

参照示例填写表格，如空间不足可自行另附纸张。

| 资源类型 | 资源名称 | 说明 | 是否有潜力开发 |
| --- | --- | --- | --- |
| | | | |
| | | | |
| | | | |
| | | | |

②分析文化资源潜力。

对资源清单中的内容进行分类，筛选出适合文创设计的重点资源。

用 1~2 句话说明其文化价值或市场潜力（如可转化为文创产品、具有故事性等）。

我筛选出适合文创设计的重点资源是：

随堂笔记

备　注

随堂笔记

③总结与分享。

提交整理后的资源清单与开发建议的简要总结。

在小组内分享自己的发现，并接受其他同学的补充与建议。

④小组互评

全面性（30 分）：资源清单是否涵盖多个维度，能否发现潜在文化价值。

创意性（40 分）：对于文化资源的发掘及分析是否具有创新性和可行性。

表达与分享（30 分）：总结是否清晰、条理分明，分享中是否能有效启发他人。

| 自评意见 | 得分 |
|---|---|
| | |
| 他评意见 | 得分 |
| | |
| | |
| | |
| | |
| | |
| | |
| | |

* 任务成果用途：此次资源梳理成果可直接用于后续的文创产品设计，作为个人素材库，为作品添加个性化与文化深度。

备 注

## 任务 2　文化创意产业与相关专业

### 任务知识

文化创意产业涵盖多个领域，涉及艺术、设计、传媒、科技、商业等多个学科专业。随着文创产业的不断发展，许多高校和教育机构开设了与文化创意产业相关的专业、课程。这些专业既包括传统艺术与设计类专业，也涵盖了与技术、商业、管理等相结合的现代化专业。

不同的专业有不同的侧重点，但它们的共同点是：注重创新、艺术、文化与商业的结合，目标是培养能够推动文化创意产业发展的复合型人才。本书主要针对的专业为印刷、数字媒体、设计类专业，以下介绍 3 类专业与文化创意产业的联系。

随堂笔记

## 一、印刷专业与文化创意产业

1. 印刷类专业简介

印刷类专业通常涉及印刷技术、印刷设备、印刷材料、印刷工艺、版式设计、出版物设计等内容。学生通常会学习如何通过不同的印刷技术（如胶版印刷、丝网印刷、数码印刷等）将设计创意转化为具体的印刷品。这些印刷品包括书籍、报纸、杂志、包装、宣传材料、艺术品复制等，广泛应用于文化创意产业的各个方面。

印刷类专业主要方向：

①传统印刷技术：包括胶版印刷、凹版印刷、丝网印刷、凸版印刷等，主要涉及大宗商品的批量生产和加工。

②数码印刷与电子印刷：利用数字技术进行小批量或定制化印刷，特别适用于个性化定制和短版生产。

③包装设计与印刷：包装是文创产业中的重要一环，涉及商品外包装的设计和制作，如艺术品包装、产品包装等。

④出版物设计与排版：涉及书籍、期刊等出版物的设计、排版与印刷工艺，注重视觉呈现和内容结构的创新。

⑤艺术印刷与复印：专注于艺术品、画册、摄影作品等的印刷，强调高质量和精美的艺术效果。

2. 印刷类专业与文化创意产业的联系

印刷类专业与文化创意产业之间有着紧密的联系，尤其在文创产品的生产、包装、出版以及文化传播中，印刷技术发挥着重要作用。印刷不仅是文化创意产业中不可或缺的一部分，还与创新、设计、艺术、商业等领域交织在一起，成为文化创意产业中实现创意和传播的关键环节。印刷技术不仅为文创产品的生产和传播提供了技术支持，还通过包装设计、出版物制作、艺术复制等方式，助力文化创意产业的创意实现和市场扩展。随着数字化印刷技术的发展，定制化、个性化的文创产品变得越来越普及，为文化创意产业注入了新的活力。具体表现如下：

（1）文创产品的生产与传播。

印刷技术在文创产品的生产过程中扮演着重要角色。文创产业中的很多产品都依赖于印刷技术来实现创意设计的落地。例如，明信片、纪念品、艺术画册、海报、书籍、艺术复制品等文创商品都需要依赖精湛的印刷工艺才能呈现出原设计的艺术效果。

备 注

随堂笔记

（2）包装设计与创意表达。

在文化创意产业中，包装不仅仅是产品的外壳，它本身就具有很强的文化创意价值。印刷类专业中的包装设计部分与文创产业直接相关，尤其是在手工艺品、创意商品、限量版商品等的包装设计中，独特且富有艺术感的包装常常能够吸引消费者的注意，成为一种文化的表达。例如，一些艺术作品的复制品、限量版图书、品牌商品等，通过精美的包装来传达品牌文化和艺术价值，提升其市场竞争力。

（3）出版与印刷的结合。

印刷类专业在出版行业中有着重要作用，尤其是在文化创意产业中的图书出版、艺术画册、期刊等的生产过程中。现代印刷技术的发展，使得文创产品的制作更加精细化、个性化，能够呈现出更高质量的视觉效果。例如，在文艺类书籍或艺术作品的出版过程中，精美的封面设计和排版印刷能够体现出文化创意的价值，增加产品的文化内涵与市场吸引力。

（4）艺术复制与艺术品印刷。

艺术品的印刷与复制是艺术品市场中的一个重要环节。高质量的印刷技术可以将艺术作品如绘画、摄影等以有限版的形式复制，从而让更多人接触和收藏这些艺术作品。特别是一些知名艺术家的作品，在文化创意产业中通过限量版印刷品的形式进行商业化和传播，印刷技术在其中起到了桥梁作用。

（5）文化品牌的推广与传播。

印刷类专业通过制作精美的宣传材料（如海报、宣传册、产品手册、折页等）为文化创意产业的品牌推广与市场传播提供了有力支持。这些宣传材料在展览、艺术活动、文化节庆等场合中，帮助文化创意产业传播品牌理念、文化价值和创意内容。例如，艺术展览、文化活动的宣传海报、资料册等，通常需要运用印刷技术完成，以便在不同场合中传播和展示。

（6）个性化与定制化产品。

近年来，随着消费者对个性化产品需求的增加，印刷技术的发展也为文创产业提供了更多定制化的可能。印刷类专业中的数码印刷技术和小批量生产技术使得文创产品能够根据消费者的需求进行定制。例如，定制版的艺术品、书籍、礼品、服饰、家庭装饰等，消费者可以根据个人喜好选择内容、设计和印刷方式，这为文化创意产业的商业模式和市场拓展提供了新的机会。

（7）跨媒体与数字文化产品的结合。

数码印刷和电子印刷技术的进步推动了跨媒体文化产品的发展。例如，一些数字出版物、电子书、互动海报等文化创意产品的制作与传播，都依赖于现代印刷技术的支持。通过数字化手段，印刷和电子内容可以更好地结合，

备 注

随堂笔记

为消费者提供创新的文化产品形式。

3. 印刷在文化创意产业中的应用

（1）限量版艺术画册。

许多艺术家和文化机构出版的限量版画册，使用了高质量的印刷技术，以确保每一册书籍都能最大程度地还原艺术作品的色彩与细节。这些艺术画册不仅是收藏品，也常常成为文化创意产业中的热门商品。

（2）文创产品的包装设计。

比如故宫文创产品的包装设计，精美的包装不仅保护了文化产品本身，还体现了浓厚的文化氛围。印刷技术和包装设计相结合，使得文创商品成为一种有文化内涵的艺术品，吸引了大量消费者。

（3）图书出版与排版。

在图书出版中，印刷类专业起着至关重要的作用。从书籍的封面设计到内部排版印刷，每一个细节都需要注重艺术感与设计感。例如，传统的精装书籍、艺术类画册等，其制作往往需要依赖高水平的印刷技术，以便展现出精美的视觉效果和艺术价值。

（4）宣传海报与艺术展览。

各类文化创意产业活动，如艺术展览、电影首映、音乐会等，都会用到印刷制作的宣传材料。海报、宣传册、邀请函等物料通常会设计得具有艺术感和创意感，以吸引观众的注意力，传达活动的主题和文化价值。

## 案例剖析

### 案例1：中国艺术品印刷第一品牌——雅昌文化集团的创新商业模式

雅昌文化集团创建于1993年，是一家立足于艺术领域的综合性文化艺术数据服务企业，独创了“印刷+IT技术+文化艺术”的商业模式，成为传统行业产业升级的典范。雅昌以艺术数据为核心，以IT和互联网技术为手段，建立覆盖艺术全产业链的平台，现已拥有北京、上海、深圳三大运营基地，产品和服务遍及全球几十个国家和地区。雅昌文化集团的艺术印刷品如图1–7所示。

雅昌三大业务板块：

艺术印刷——工匠精神与现代科技，开启艺术产品智能定制；

艺术影像——个性化智能影像输出解决方案；

数据互联网——科技连接人与艺术。

备 注

随堂笔记

图 1–7　雅昌文化集团的艺术印刷品（图片来源于网络）

美术：雅昌艺术印刷综合了高科技设备、独特色彩系统、成熟的技术人员培养体系，针对艺术家及艺术作品的特点，力求于纸张上完美还原作品形态、色彩与气质。

文博：雅昌艺术印刷与文博艺术机构紧密合作，其高品质艺术印刷服务能够准确抓取文物或藏品形态、色彩、质感、风格等特征，高度匹配文博机构出版物对品质、严谨和权威性的需求。

摄影：针对摄影师作品特点，力求完美还原色彩与光影，展现作品个性，并通过雅昌影像、雅昌艺术网、艺术头条、艺术看展多种渠道资源整合传播推广，实现摄影作品商业价值。

高档商业及奢侈品：雅昌印艺是高端商业在大众传播中重要的参与者和引领者。针对品牌特点，雅昌艺术印刷通过考究的设计排版，卓越的色彩管理，精美绝伦的装帧技艺以及收藏价值，呈现并提升品牌价值。

雅韵技术通过改良油墨配方，去除传统油墨刺激性气味，通过香料让油墨散发特定香味，香囊封存设计，让香味持久保存，在纸张上延续品牌感官体验。

## 案例 2：中南大学创业团队创“免费打印”，开启校园传媒新方式

备　注

一到大学的考研月、考试周，图书馆、自习室、打印店人满为患，但中南大学校园里悄悄溜进了一台台校园免费自助打印机。还在打印店苦苦排队的你要是还没用过，那就“弱爆了”。记者走访中南大学发现，在自助打印机上免费打印各类考试资料，成为许多学生选择的打印方式。这种打印机免费打印的资料空白边缘印有创业小故事，巧妙地为学生们介绍着各行各业知名企业的成长历史，也在为这些企业做着无形的宣传。而这样一台“资料打印费用全免”的隐形广告机，由中南大学“00 后”创业团队一手打造。

随着“大众创业、万众创新”的兴起，越来越多的高新技术企业如雨后春笋般诞生，越来越多的企业加入高校毕业季“抢人大战”中，催生了庞大的招聘与传媒市场。在湖南，许多商业嗅觉敏感的学生抓住了企业传递出的

随堂笔记

商机，走出了创业的第一步。

1. 免费“打印机”——属于青春的奋斗

创业园工位上堆满电路板和铁皮柜，宿舍里键盘敲得噼里啪啦，每天坐两个小时的公交车来回调试设备……从乍暖还寒的三月忙到寒风凛冽的十二月，九个月时间里，孙家正和他的伙伴们从未停歇。“每逢毕业季，校园内就贴满了花花绿绿的招聘海报，一层叠一层；但在假期，我们走访了腾讯、海康威视、软通动力等多家知名企业，它们反馈校招宣传定向性太差，校招影响力太难提升。”中南大学大三学生孙家正发现学校在校园招聘宣传方面还存在短板，大有商机可挖，更可以借此提升学校信息化水平，为中南“智慧校园”建设添砖加瓦。

“为让‘打广告’变成‘做公益’，团队成员几乎整晚不睡，方案也一改再改。”2019 年 2 月底，孙家正和他的创业团队——“Oriole 点墨”团队萌生了设计生产“自助打印传媒设备”的想法，利用免费打印吸引流量，长期为企业进行文化宣传。5 月初，几乎克服了市面上自助打印设备所有缺点的首台样机诞生，孙家正请来了全班同学参与测试体验，让未来的“甲方爸爸”们提出修改意见。“一张多页”“双面打印”“所见即所得”“文档排版稳定”……一个多月后，团队心中最完美的超级打印机终于组装完成，随后在中南大学铁道校区上线。

2. 一周谈了 100 多家湖南地区企业

中南大学“Oriole 点墨”创业团队由 5 名核心成员组成——来自计算机学院软件工程专业的“领导者”孙家正、“工程师”赵艺凯、物理与电子学院电子信息技术专业的“实干家”徐海旸、商学院金融管理专业的“会计师”沈逊与“交际花”罗文亚。2019 年，团队参加中南大学第五届互联网 + 创新创业大赛，赢得 5 万元的创业资金支持，开始了他们的创业之路。5 月创业资金吃紧，孙家正更是将“压岁钱”“零花钱”“恋爱公积金”两万余元全部拿出，加上团队共同积累的资金，一直支撑创业项目走过最艰难的时期。

“点墨传媒”的官网详细地介绍了公司的服务、价格与市场优势，还提供了模拟演示。孙家正告诉记者，选择了校园招聘传媒这个细分市场，就要特别重视企业的诉求，把工作做到极致，而点墨宣传渠道的特殊性又决定了需要重视学生使用体验，在做“学生喜欢用的打印机”的同时，做“学生喜欢看的广告”。另外，“Oriole 点墨”团队充分运用计算机学院资源，将科研成果转化，打造数字化、智慧化传媒新体系。利用人工智能技术，中南大学的学子在打印时，都可根据他们的专业领域智慧化推荐合适的企业文化故事。

备 注

随堂笔记

经过9个月时间，“Oriole点墨”团队将脑海中的创意变成了独一无二的自助打印传媒终端，申请了4项软件著作权和2项发明专利。产品问世不到一周，湖南地区100多家企业便与他们取得联系、商谈合作。在湖南省举办的青年社会组织公益创投大赛中，点墨传媒更是摘得铜奖，受到专家的一致好评。

3. 在稚嫩中走向成熟

中南大学“Oriole点墨”创业团队的第一台样机因为设计公差问题，无论如何都无法将设备安装到从北京订购的定制机箱中，最后只好放弃，让1700元钱打了水漂；第一次设计的打印机控制程序因为性能问题被推翻重写，让几十个日夜的努力化为废纸。摔过跟头之后，“Oriole点墨”团队吸取经验教训，稳扎稳打，在经过近两个月的测试后，才正式将设备投放至中南大学校园。

孙家正告诉记者，在大学里，好点子、好创意很多，机会也一直都在等待着那些敢于冒险的大学生，但只有少数人不仅在想，更在做。商业计划书、工程图纸、软件资料、宣传文案……在孙家正的电脑里，装满了有关“Oriole点墨”项目井井有条的文件夹。“凡心所向，素履所往，生如逆旅，一苇以航。”9个月时间里，找到新的商机，创立一家公司，这支团队历经寒暑，在稚嫩中走向成熟。

## 二、数媒专业与文化创意产业

1. 数字媒体类专业简介

数字媒体类专业是指围绕数字化技术、互联网技术和多媒体艺术等内容开展教学与研究的学科，主要涉及数字视频、数字音频、虚拟现实（VR）、增强现实（AR）、动画、互动设计、网络传播、数字艺术等方向。数字媒体不仅关注内容创作，还包括技术应用、用户体验、平台建设、传播渠道等多个层面。主要方向：

①数字艺术与设计：包括数字插画、3D建模、动画设计、游戏设计等内容。

②新媒体艺术：结合艺术与技术，注重创新性数字艺术作品的创作。

③数字影像与视频制作：涉及数字影像、视频编辑、影视制作等技术与创意结合的内容。

④虚拟现实与增强现实：使用VR、AR技术开发沉浸式内容，广泛应用于文化创意产品的展示、体验和互动。

⑤互动媒体与用户体验设计：关注数字产品（如网站、App、数字广告

备 注

随堂笔记

等）的设计和用户体验优化。

⑥网络传播与社交媒体管理：研究如何通过互联网、社交媒体平台传播内容，建立品牌和进行市场推广。

2. 数字媒体类专业与文化创意产业的联系

数字媒体类专业与文化创意产业之间有着紧密的联系，尤其在当今数字化、信息化和互联网技术快速发展的背景下，数字媒体成为文化创意产业中一个重要的组成部分。数字媒体类专业为文化创意产业提供了技术支持、内容创作和创新手段。在数字技术的帮助下，文化创意产业中的产品变得更加多样化、互动性强，并能够跨越传统文化传播的局限。具体表现如下：

（1）文化内容创作的数字化转型。

数字媒体技术极大地推动了文化创意产业中内容的创作与表达方式。从传统的文字、绘画、雕塑等艺术形式到数字化的视频、动画、音乐、游戏等，数字媒体赋予了文化内容全新的表现形式和传播方式。文化创意产业中的许多产品，如动画片、数字艺术、游戏、影视作品等，都离不开数字媒体专业的支持。

（2）数字媒体与文化传播的融合。

在数字媒体专业的推动下，文化创意产业的传播方式发生了巨大变化。传统的文化产品通过电视、广播、纸质出版物等渠道进行传播，而在数字媒体的帮助下，文化内容能够通过互联网、社交媒体、移动应用等新兴渠道快速、广泛地传播。数字平台（如 YouTube、微博、抖音、Netflix 等）不仅是文化创意内容的传播载体，也是文化产业的新兴市场。

（3）数字化创意产业产品的开发。

数字媒体专业的学生和从业者能够利用现代数字技术开发多种类型的文化创意产品，包括：

数字艺术与设计产品：例如虚拟展览、数字画廊、数字艺术品等，利用 VR/AR 等技术创造沉浸式的艺术体验。

互动游戏与娱乐产品：许多文创产品和游戏作品是借助数字媒体技术开发的，这些产品不仅富有创意，而且具备高互动性、沉浸感，能够满足现代观众和消费者的需求。

虚拟演艺与直播：通过数字媒体技术，文化创意产业可以开发虚拟演唱会、虚拟舞台剧、在线直播等形式的娱乐产品，扩大受众群体并提升互动性。

（4）文化产业的数字营销与社交媒体传播。

数字媒体类专业还可以为文化创意产业提供有效的数字营销策略。在

备 注

随堂笔记

文化创意产业中，社交媒体和数字营销已成为品牌推广、观众互动、市场分析和客户获取的重要工具。文化创意企业可以利用社交平台（如 Instagram、TikTok 等）和内容营销策略（如短视频、网络直播等）来增加品牌曝光度，提升市场竞争力。

（5）数字化文化产品的个性化与定制化。

数字媒体技术使得文化创意产业可以为消费者提供更多个性化的产品和服务。例如，定制化的数字艺术作品、互动式的电影和电视剧、定制化的虚拟形象等，都能通过数字媒体技术来实现。消费者不仅可以参与创作过程，还能根据个人需求定制和体验文化产品，增加文化产品的吸引力和市场竞争力。

（6）跨界融合与创新应用。

数字媒体类专业与文化创意产业的结合常常是跨界创新的结果。例如，AR/VR 技术可以将文化遗产与现代科技结合，开发出虚拟博物馆、互动文化展示等创新产品。将数字技术与传统文化内容结合，能够创造出全新的文化体验形式，提升文化产品的吸引力和市场价值。

3. 数字媒体在文化创意产业中的应用

（1）数字艺术与虚拟博物馆。

通过虚拟现实（VR）技术，用户可以在虚拟博物馆中参观艺术品、文化遗产，并与展示的内容互动。例如，某些博物馆开发了 VR 展览，让参观者在虚拟环境中体验历史事件或艺术品。这种数字化的展览方式不仅能让文化遗产得到更广泛传播，也能为用户提供更加沉浸式的体验。

（2）虚拟现实与沉浸式文化体验。

备　注

在文化创意产业中，VR/AR 技术的应用正迅速发展。例如，通过 VR 技术，游客可以在旅游景点通过沉浸式体验“回到历史”，重现古代场景，或体验历史文化事件。通过这种方式，文化创意产业不仅能增强游客的互动体验，也能为文化的传播提供创新路径。

（3）数字化游戏与文化故事。

游戏产业是文化创意产业中重要的一部分，许多游戏采用了深厚的文化背景作为创作素材。例如，中国的《王者荣耀》就融入了大量的中国传统文化和历史元素；此外，国外的一些大作如《刺客信条》系列也加入了丰富的历史文化背景。数字媒体专业培养的游戏设计、编程、3D 建模等技能，为这类文化游戏的创作提供了基础。

（4）网络文学与新媒体内容创作。

数字媒体类专业还培养出许多内容创作者，他们在网络文学和数字出版

随堂笔记

方面发挥着重要作用。如“起点中文网”“知乎”等平台，为作家和创作者提供了展示才华和销售作品的机会。这种基于网络的文化创意形式，正逐渐成为文化产业的重要组成部分。

## 案例剖析

### 案例 1：数字敦煌

“我们这些人毕生所做的一件事就是与毁灭抗争，让莫高窟保存得长久一些、再长久一些。”樊锦诗说。

2016 年“数字敦煌”资源库正式上线，敦煌经典洞窟的高清数字图像得以在线上随时随地被人们观看。目前，数字敦煌已经实现 30 个洞窟的全面介绍，共 4430 平方米壁画面积。

点进数字敦煌的首页（数字敦煌网址：https：//www.e-dunhuang.com/），可以从洞窟和壁画两个角度分别来观看（见图 1-8）。以莫高窟第 220 窟为例，洞窟的简介、朝代等基本信息一眼可见，向下拉还可以看到石窟的全景漫游。

鼠标点击全景中的一个个光标，就可以查看壁画的局部细节，仿佛亲身站在敦煌石窟中，观赏每一处精美的壁画。

而在壁画部分，只需要免费注册账号，就可以查看高清壁画大图。除壁画的简单介绍外，点进大图还可以查看壁画的每一处细节，放大看精细度也不会过分降低。

图 1-8　数字敦煌网址界面（图片来源于网络）

数字敦煌不仅方便了整体洞窟的欣赏，除此之外，还可以通过云游敦煌便捷地查询、欣赏不同种类不同时代的壁画与佛像。

备　注

随堂笔记

### ◆ 案例 2：《黑神话：悟空》与精美古建 ◆

国产游戏 3A 大作《黑神话：悟空》成为 2024 年热度最高的文化事件之一，游戏中的“取景地”迎来“泼天的流量”，如山西文化和旅游厅官方账号推出的“跟着悟空游山西”系列短视频就获得千万级播放量。

游戏中逼真的中华古迹建模（见图 1–9）让海内外玩家震撼，而这背后，离不开一家上海文创企业回音星旅的支持。致力于高仿真空间计算 3D 数字文博场景应用的回音星旅在《黑神话：悟空》开发之初就受委托细致扫描了山西晋城玉皇庙二十八星宿、重庆大足石刻等，依托人工智能和计算机图形学技术实现影视级三维重建。在第二届“文创上海”创新创业大赛颁奖典礼上，回音星旅获年度创新奖。

数字化为文物保护、文化传承和文旅融合注入新活力，凭借在 3D 数字化领域的技术积累，回音星旅将与各地文博机构合作打造一系列基于五千年中华文明的沉浸式数字化交互体验产品。

图 1–9 《黑神话：悟空》中的精美建模（图片来源于网络）

备 注

## 三、设计专业与文化创意产业

1. 设计类专业简介

设计类专业是培养具备创意思维、艺术眼光以及实际操作能力的专业人才，涉及多个领域，包括视觉设计、产品设计、交互设计、环境设计、时尚设计等。设计类专业的核心目标是，通过创意与技术的结合，为社会各行业提供美学、功能性、用户体验及商业价值的综合解决方案。设计类专业通常侧重于解决具体问题，提升产品和服务的质量，增强其市场竞争力，同时关注创新和跨学科的合作。

主要方向：

（1）视觉传达设计。

视觉传达设计又称平面设计，侧重于通过视觉元素（如文字、图像、色彩、排版、图标等）来传递信息，表达品牌理念和文化内涵。它是最为常见的设计专业之一，应用广泛，包括广告设计、品牌设计、标志设计、海报设计、杂志封面设计、包装设计等。

（2）产品设计。

产品设计涉及从功能性到美学的全面设计，包括工业产品、消费品、家居产品、电子产品等的设计。产品设计专业要求设计师既要具备工程技术知识，又要具有艺术审美能力。除了外观设计外，产品的功能、用户体验以及可持续性都是设计师需要考虑的因素。

（3）交互设计。

交互设计关注的是人与设备之间的互动体验，尤其是数字化产品，如网站、移动应用、软件界面、智能设备等。交互设计师通过优化界面布局、操作流程、视觉呈现等因素，提升用户体验和用户界面的易用性、美观性以及交互性。

（4）环境设计。

环境设计涉及空间的设计与规划，包括室内设计、城市规划、景观设计、公共艺术等。它不仅关注美学，还要考虑空间的功能性、舒适度、人流动线等多种因素。环境设计通常应用于商业空间、居住空间、公共场所、园林景观等领域。

（5）时尚设计。

时尚设计专业关注服装、配饰、鞋帽、纺织品等产品的设计、制作和创新。设计师需要结合社会潮流、艺术趋势、文化背景以及市场需求进行创作。时尚设计不仅涉及设计技巧，还需要对面料、剪裁、色彩搭配等进行深入理解。

（6）动画与多媒体设计。

该专业结合了计算机技术与艺术创作，培养学生在动画制作、视频编辑、虚拟现实（VR）、增强现实（AR）等方面的技能。学生将学习 2D/3D 动画设计、特效制作、视频剪辑、游戏设计等内容。随着数字媒体的普及，动画与多媒体设计在电影、游戏、广告、教育等领域有着广泛应用。

随堂笔记

备　注

随堂笔记

（7）数字媒体艺术设计。

数字媒体艺术设计融合了艺术与技术，学生需要掌握多种数字创作工具和技术，涉及的领域包括数字艺术、网络设计、数字音频制作、视频制作、3D 建模、虚拟现实等。数字媒体艺术设计强调跨学科的创新与技术的结合，培养学生在创意产业中解决问题的能力。

（8）品牌与视觉营销设计。

品牌与视觉营销设计专业侧重于通过视觉设计提升品牌价值和市场竞争力，涉及品牌策划、视觉识别系统设计、广告宣传、市场推广等。设计师需要理解品牌的文化内涵、市场定位和消费者心理，通过视觉设计创造出符合品牌定位的独特形象。

（9）游戏设计与开发。

游戏设计与开发专业结合了设计、艺术和技术，培养能够设计和开发互动游戏的专业人才。课程包括游戏策划、关卡设计、3D 建模、动画制作、程序开发等。游戏设计师不仅要具备创意思维，还需要懂得游戏机制、用户体验、图形与动画的制作等方面的知识。

2. 设计类专业与文化创意产业的联系

设计专业与文化创意产业之间的关系紧密且多维，设计不仅是文化创意产业的核心组成部分，也是其发展和创新的驱动力之一。设计专业涵盖了从视觉设计、产品设计到交互设计等多个领域，而文化创意产业则依赖于创意和艺术的表达，设计是将这些创意转化为具象形式的关键手段。以下是设计专业与文化创意产业之间的具体联系：

（1）视觉传达设计与品牌塑造。

在文化创意产业中，视觉传达设计（如平面设计、广告设计、品牌设计）扮演着至关重要的角色。设计师通过视觉元素传递品牌理念、文化内涵以及情感价值。对于文创产品而言，优秀的设计不仅能提升产品的艺术感和文化价值，还能增强消费者的品牌认同感。

设计师通过视觉符号、色彩、排版、图形等元素，为品牌打造独特的文化身份，创造出具有高度识别性的品牌形象，例如茶类品牌中的霸王茶姬。

（2）产品设计与文创商品开发。

产品设计是文化创意产业中最直接的设计应用之一。产品设计不再局限于功能性和美观性，还要考虑到文化内涵、市场需求、用户体验等多个维度。在文创产品的开发中，设计师需要将特定文化、历史、艺术等元素融入产品设计中，创造出既具有艺术性又具备商业价值的文创商品。

备　注

随堂笔记

（3）空间设计与文化场景创意。

空间设计（如室内设计、展览设计、景观设计等）也是文化创意产业中的重要领域。在文化创意产业中，空间设计不仅仅是创造一个物理空间，更是为文化和创意提供沉浸式的体验环境。例如，博物馆、艺术馆、文化中心、展览会等场所的空间设计，往往需要通过创意设计来引导参观者的体验和情感，使他们与展品、场景以及背后的文化故事产生共鸣。

（4）数字设计与新媒体文化创意。

随着数字化技术的发展，数字设计（如网页设计、数字艺术等）在文化创意产业中的地位日益重要。数字化的文化创意产品，如数字艺术、虚拟现实（VR）、增强现实（AR）等，不仅丰富了文创产品的形式，还改变了文化传播的方式。

（5）互动设计与用户体验。

在文化创意产业的数字化转型过程中，互动设计和用户体验设计变得尤为重要。随着智能手机、平板电脑、VR/AR设备等的普及，文化创意产品不仅要具有视觉吸引力，还需要关注用户的使用体验、互动性和沉浸感。

（6）时尚与艺术设计的跨界融合。

在时尚设计领域，设计师不仅要关注潮流趋势和美学，还要将文化元素、艺术价值与功能性结合，创造出符合市场需求和消费者审美的文创产品。时尚和文化创意产业的跨界融合促进了艺术与商业的互动，推动了文创产品的多元化发展。

（7）创意城市与文化产业设计。

设计不仅体现在单一产品的创作中，还广泛应用于创意城市和文化产业园区的建设中。设计专业涉及城市规划、文化产业园区设计等内容，可以提升城市的文化吸引力和文化产业的集聚效应。

（8）广告设计与文化营销。

在文化创意产业的营销中，广告设计是不可或缺的组成部分。优秀的广告设计不仅能展示文化产品的特点，还能传达品牌的文化价值和情感诉求。通过创意广告、短视频、海报、宣传片等形式，设计能够帮助文化创意产品进入大众视野，激发消费者的兴趣和购买欲望。

3. 设计专业在文化创意产业中的应用

（1）博物馆文创商品设计。

许多博物馆和文化遗址通过设计与历史文化结合，推出具有地方特色的文创商品。例如，故宫博物院推出的各种文化创意商品，背后有着设计师的

备 注

随堂笔记

创意与文化背景的深度融合，包括书签、陶瓷、文具、艺术画册等产品，展现了中国传统文化与现代设计的完美结合。

（2）数字艺术与虚拟展览。

数字设计的应用使得文化创意产业的传播方式更加多样化。通过设计和虚拟现实技术，一些文化遗产和艺术作品可以通过虚拟展览的形式展示给全球观众。例如，许多博物馆推出了虚拟展览，用户可以通过网络进行远程参观，这背后需要专业的数字设计师进行内容和界面的设计。

（3）品牌与包装设计。

设计专业在品牌与包装设计中扮演着重要角色。文化创意产品（如限量版艺术品、纪念品等）的包装设计，不仅要满足产品功能的需求，还要通过创意的视觉设计吸引消费者。例如，许多艺术品的包装设计会融入文化元素，使得整个包装成为艺术作品的一部分，提升产品的附加值。

## 案例剖析

### 案例 1：麦扑文创：小地图，大世界

徐琦，麦扑文创创始人，毕业于浙江理工大学。喜欢摄影，也喜欢旅游的他在校担任过摄影协会会长、社团联合会副主席，曾组织在杭 20 所高校的摄影大赛。因为对摄影与旅行的这份兴趣和热忱，他素履以往，循着心之所向不断前行。

大四的徐琦因喜欢摄影，和小伙伴欧阳金伟在学校创办了一个摄影工作室，主要负责拍摄和平面设计，但工作室并没有给他们带来太多的经济收益。深入接触摄影后，徐琦意识到摄影工作室的发展空间有限——时间不够充裕加上资金又是一个大问题，于是决定放弃摄影工作另谋他路。

他没有因为一次创业受挫就彻底放弃尝试。在一次云南丽江的旅行中，细心的他发现当地平面的旅游地图，除了标明所有景点的位置和方向外，几乎没有其他内容，并没有把旅游本该有趣的地方表现出来，并且还有很多人根本看不懂传统地图，他从而萌发了做手绘地图这么一个新奇的创业想法。回杭州后，他和朋友立即着手执行这件事，经过两三个月的测绘制图，《下沙手绘地图》新鲜出炉。该款地图一经推出就大受欢迎。于是，他们马上印刷了第二版地图，第二版地图也很快售空。

徐琦在兴趣中寻找自己的创业起点，并在实践中取得了初步成功。不仅是徐琦，许多创业成功者在谈到自己成功的原因时，都一再强调自己对所做

备 注

的事有浓厚的兴趣，沉溺于自己感兴趣的东西，深入了解复杂的问题，学习如此，创业也如此。

从原有的几个人到现在规模有120人的团队，地图至今覆盖全国34个省级行政区、6000多个景区（图1–10所示为杭州西湖手绘地图），麦扑文创在高精度地图上也做到了全国第一的位置。“创业就是一条不归路，只有遇到困难不畏惧，坚持下去和执着面对才有可能成功。当然，如果你有一双能发现机遇的眼睛也将给你带来事半功倍的益处。”

图1–10　杭州西湖手绘地图（图片来源于网络）

## ◆ 案例2：阿里巴巴公益项目：用设计让乡村被看见 ◆

故乡是我们身上隐秘而深刻的烙印，因岁月日长，行途渐远，变得愈加深邃、迷人。唯有乡思不得闲，在城乡介入与逃离的交互中，那一方可有形可无形、明月千里祈等故人来的归园田始终在。越来越多思乡者成为乡创人，选择扎根乡土大地，以出世之精神，担入世之事业。

“寻找美好的远方”项目是阿里巴巴设计孵化的公益设计项目，即在业余时间，无偿投入和无偿赠予县域。他们协同阿里巴巴乡村振兴基金，集合阿里内外部设计力量为国家正在重点帮扶的县域做整合设计，用设计的力量助力乡村发展。

随堂笔记

备　注

随堂笔记

其主要途径是通过挖掘乡村特色文化、塑造更具代表性的县域品牌形象，并将县域形象融入商品包装中，在提升县域整体设计品质的同时提升商品的竞争力。

此外，该项目搭建县域线上阵地，让乡村风景能够被更多人看到，让乡村故事能被更多人听到，让乡村物产能被更多人尝到。“看到、听到、尝到乡村的美好”是项目的出发点，也是项目的初心。

整个项目秉承的理念同中国的精神和文化息息相关，主要从“县域设计品牌重塑”这个概念出发，把当地一些优秀的文化转化成设计内容，然后将这些设计用于农产品和旅游服务体验当中。这些文化包括礼县的先秦文化，宜君的魏碑石刻、农民画，还有江西寻乌县的客家文化、吉林汪清的朝鲜族文化、湖南城步的苗族文化、平顺的四景车和山水。

有些乡村有着非常好的风景和人文，保存着城市里没有的民俗文化，生长着优质的有机农产品。可惜的是，好的东西往往被廉价的设计给破坏。

1. 陕西宜君

宜君当地农民画非常有名，家家户户的老百姓都会画画，这些农民画有些还在国际上获得过奖项。但是如何把农民画活化，使之产生商业价值？

设计团队提炼农民画里的元素，画里的燕子、梯田、核桃等元素被整合成为一个区域公共品牌形象、旅游体验服务的形象。同时，帮助当地提炼每个区域的用户价值点，规划游客前往当地游玩的详细方案。

在宜君落地了比较完整的一套系列包装，这个包装覆盖了几个核心的产业，如苹果、玉米、核桃、中草药、党参，也包括一些核桃的二级产品，如核桃露（见图 1–11）。

备 注

图 1–11　宜君农产品设计包装（图片来源于网络）

这些包装通过政府手段降低成本。具体来说，就是政府下发文件，让十几个二十几个合作社用统一的这套包装，包装印刷越多，成本越低。原来各个合作社都是自己生产自己的包装，现在统一包装印刷后，成本就会下降。再者，设计品牌的溢价能够带来平均每箱多三元的利润收益，这三元的收益到农民手里虽然只增加了几毛钱，但是，对于当地农民来说是非常重要的收入。

2. 河北巨鹿金银花饮料

经过调研发现，河北巨鹿县是宋朝文化名城，在当地的地上可以随处见到宋朝的瓷片。

团队希望能够通过数字化的手段去复刻这些属于巨鹿的精美瓷器，并将数字插画复刻后的形象通过包装与杏、葡萄、金银花茶等农产品融合（见图 1–12），产生附加值，把巨鹿瓷器这样一个独有价值赋予到农产品、中草药中。

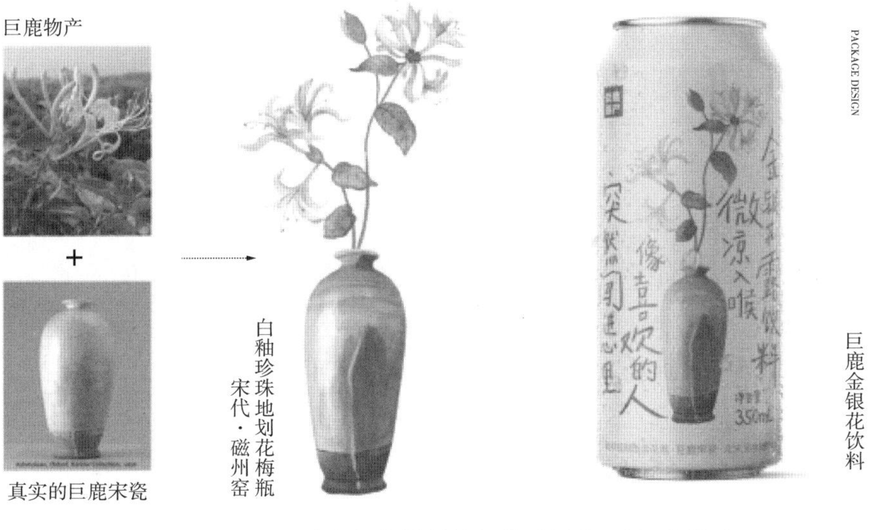


图 1–12　河北巨鹿金银花饮料的包装（图片来源于网络）

3. 江西寻乌的红色文创

江西赣州的寻乌县，毛主席 1930 年写下的《反对本本主义》里面“没有调查，就没有发言权”就诞生于这里。基于此，团队将它作为红色文化 IP 去打造，设计了所有文化周边（见图 1–13），可以放在纪念馆售卖，甚至网上售卖。

随堂笔记

备　注

随堂笔记

图 1–13　江西寻乌的红色文创（图片来源于网络）

## 任务实施

针对所学专业进行文创业务相关企业调研。

（1）任务背景

设计业、出版业、影视业中的文化创意相关职业各具特色，涵盖了从策划、设计、制作到营销运营等多个环节。这些职业要求从业者具备丰富的想象力和创新能力，同时还需掌握相关专业知识和技能。通过针对所学专业相关企业的调研，深入了解专业相关企业在文创业务中的具体实践，为未来的创意转化与职业发展奠定基础。

（2）任务目标

①深入了解与自身专业相关企业在文创业务中的应用与表现。

②分析专业技术对文创产业的支持及其需求，明确发展方向。

③提升行业调研能力，学会独立分析行业现状与趋势。

（3）任务要求

①企业选择。根据自己所学专业及兴趣爱好，自主选择一家相关企业，企业类型可包括（不限于）：

印刷专业：印刷厂、出版公司、包装企业、与文创生产相关的企业等。

设计专业：平面设计公司、文创品牌工作室、广告公司等。

数字媒体专业：数字营销公司、新媒体创作企业或团队、文创平台运营机构等。

企业调研的目标是聚焦其开展的文创产品或服务，了解技术应用、业务流程及市场表现。

②调研内容。调研报告需结合各自专业，针对企业文创业务从以下角度

备　注

展开：企业简介与文创业务背景；企业基本信息（规模、主营业务、地理位置）；企业文创业务发展情况，如参与的文创产品项目或服务领域；文创业务流程与案例分析。

根据专业领域，重点考察以下内容：

印刷专业：文创产品的材料选择、生产技术、工艺流程、环保创新等。

设计专业：设计流程的特点（如从创意概念到最终成品），产品独特性，用户体验的设计策略。

数字媒体专业：新媒体在文创业务推广中的应用，如数字化内容创作、营销数据分析、交互传播手段等。

企业的创新亮点与市场表现：企业在文创业务中的特色（如技术创新、品牌塑造）；文创产品的市场反响，目标受众特征及销售表现。

结合自身专业的总结与思考：

企业对印刷、设计、数字媒体技术的具体需求及其作用；对个人学习与未来发展的启示。

③ 任务成果。

需完成一份个人书面调研报告和小组简短展示内容，要求如下：

成果一：调研报告（300 字左右）

调研内容分析：重点围绕文创业务的技术与实际案例展开。

总结与思考：针对个人专业发展的思考。

成果二：展示汇报 PPT

结合报告内容，制作 5~8 页简洁明了的展示 PPT，包括图片、数据与案例呈现，时间控制在 8 分钟。

④任务实施流程。

a. 前期准备：确定企业调研对象，并通过官网、社交媒体或联系企业获取基础信息，并与授课教师或指导老师确认。

b. 调研执行：通过线上调研等形式收集资料；收集文创产品案例数据、技术或服务细节等相关素材。

c. 任务总结与展示：撰写调研报告并完成 PPT 制作；在课堂展示并接受提问与建议。

⑤评分标准。

a. 调研内容深度与专业结合度（50 分）。

b. 内容翔实，结合专业背景，能准确捕捉企业的文创业务特色。

c. 分析与总结能力（30 分）：分析全面，对文创与专业结合的潜力有清

随堂笔记

备　注

随堂笔记

晰的认识与了解。

d. 展示质量与表达效果（20 分）：报告语言流畅，结构清晰；展示内容重点突出，能引发互动。

* 附加提示：

如果无法找到调研企业，可选择已公开报道或案例丰富的文创企业（如故宫文创、泡泡玛特、敦煌研究院等）；调研过程中着重观察技术实际应用与市场需求的结合点，避免泛泛而谈。

* 任务价值：

通过此次调研，同学们将进一步深化对文创行业的了解，明确专业技能如何与文创产业相结合，同时积累一手的企业案例，为后续实训或职业选择打下坚实基础。

## 任务 3　认识文化创意产品

### 任务知识

### 一、文创产品概述

文化创意产品是指以文化、创意理念为核心，是创意人的知识、智慧和灵感在特定行业的物化表现，即其创意来自文化设计的产品。

文化创意产品是具有文化内涵的创新性产品，其核心要义是对文化内容进行创新性转化（见图 1–14）。狭义的文化创意产品是物质产品，具有文化主题、创意转化、市场价值三个特点；而广义的文化创意产品既可以是物质实体，也可以为非物质形态的服务，包括任何能够满足人们需求的产品，但同样具有狭义的文化创意产品的三个特点。

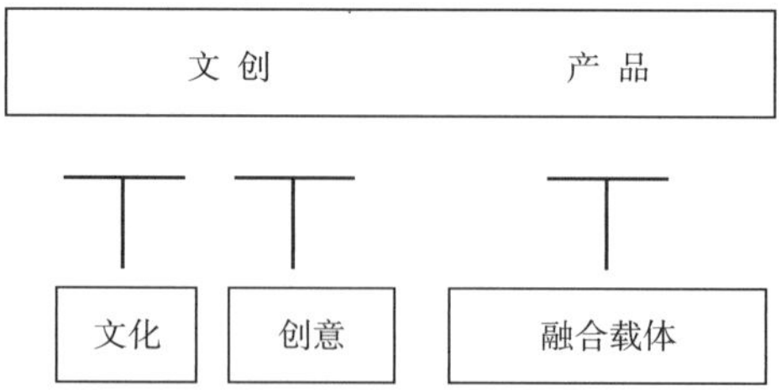


图 1–14　文创产品从字义的解读（图片来源于网络）

文创产品：源于文化主题、经由创意转化、具备市场价值的产品。

2006 年，可以视为我国“文化创意产业”振兴元年，《人民日报》12 月

备　注

发表题目为《呼唤中国“文化创意产业”的崛起》的时事评论员文章。

2009 年 7 月，我国第一部文化产业专项规划《文化产业振兴规划》通过。

2014 年 3 月，国务院正式发布《关于推进文化创意和设计服务与相关产业融合发展的若干意见》。

2017 年 3 月，国务院印发《关于转发文化部等部门中国传统工艺振兴计划的通知》。

2022 年 6 月，文化和旅游部、教育部、科技部等十部门印发《关于推动传统工艺高质量传承发展的通知》。

*思考与讨论：文创产品是日常民生必需品吗?

*学习记录：

## 二、文创产品的基本属性

### （一）文化性

文创产品的文化性是指产品在设计和制作过程中融入独特的文化内涵，体现特定文化的精神、价值观和审美特点。文化性不仅是文创产品的灵魂所在，还能赋予产品更深层次的意义和吸引力。以下是对文创产品文化性的具体解析。

1. 文创产品文化性的内涵

（1）文化基因的传承。

文创产品需要植根于特定的文化背景，将地域文化、传统工艺、历史故事等内容进行提取和传承。

示例：故宫文创以中国宫廷文化为背景，通过提取故宫元素如龙凤图案、红墙黄瓦、皇家文物等，打造了各种富有文化内涵的衍生品。

随堂笔记

备 注

随堂笔记

（2）情感价值与认同感。

文化性能够引起人们的情感共鸣，使消费者在产品中找到文化的归属感与认同感。

示例：春节的“红包”作为中国特有的文化符号，文创设计的红包增加了趣味性和互动性，既能保留传统习俗，又能引发人们的情感共鸣。

（3）创新表达与现代化呈现。

文化性不仅仅是对传统文化的简单复刻，还可通过现代设计语言重新演绎，赋予传统文化新的生命力。

示例：将汉字书法与现代家居设计结合，制作成具有现代感的装饰画或家具，既保留书法艺术，又符合当代审美标准。

（4）知识性与教育性。

文创产品可以作为文化传播的媒介，通过生动有趣的形式向人们传递文化知识与价值。

示例：结合敦煌壁画元素设计的拼图或AR互动产品，使消费者在娱乐中了解敦煌文化。

2. 文创产品文化性的表现形式

（1）符号与图案。

提取文化中具象或抽象符号、图案进行设计，如纹样、图腾、动物象征等。

示例：青花瓷的图案、苗族的刺绣纹样、京剧脸谱等都可以作为文创产品的核心元素。

（2）故事与传说。

借助历史故事、传说、神话等，将文化内容与产品设计相结合，增添文化深度和趣味性。

示例：基于“嫦娥奔月”传说设计的月饼礼盒，不仅实用而且充满故事性。

（3）传统工艺与技法。

将传统工艺（如雕刻、刺绣、陶艺等）应用于文创产品的制作过程中。

示例：结合非遗苏绣工艺，制作精美的书签、饰品等文化礼品，既保留工艺价值，又提升产品品质。

（4）文化场景再现。

通过产品设计，以特定形式写意模仿或再现特定文化场景或习俗，增加产品的体验感与情境感。

备　注

示例：将古代“游园赏花”场景设计为桌游或场景式玩具，让人们沉浸式体验传统生活方式。

（5）语言与文字元素。

提取诗词、书法等文化符号，应用于产品设计，传递文化的文学美感。

示例：将《诗经》《唐诗》中的名句应用于文具、衣物、礼品包装等产品上。

3. 提升文创产品文化性的途径

（1）深度挖掘文化资源。

进行田野调研、历史资料挖掘，深入了解某一文化的符号、典故、工艺等内容，进行系统的文化梳理。

方法：探访历史遗迹、走访民间艺人、调研地方非遗工艺。

（2）现代设计的创新应用。

运用现代设计理念，将传统文化元素以简约化、时尚化的方式进行重构，适应现代审美需求。

示例：简化传统龙凤图案，应用于现代数码产品设计。

（3）结合新技术与新材料。

融入数字技术、互动体验和环保材料，打造实用且具文化特色的产品。

示例：AR 春联产品，通过扫描春联实现动画播放与互动体验。

（4）注重故事化与情感表达。

用设计讲述产品背后的文化故事，增强其文化魅力与消费者的情感联结。

示例：基于“年画”文化制作儿童绘本，讲述年画中的传统文化故事。

（5）赋予产品功能性与实用性。

设计时结合文化性与功能性，确保产品能够满足实用需求，而非纯装饰。

示例：开发带有汉字艺术的便携式水杯，兼具文化美感与实用价值。

### （二）创意性

文创产品的创意性是指通过独特的设计思维和创新理念，将文化内容、现代需求和艺术审美相结合，赋予产品新的形式、功能或体验，从而让文化资源焕发活力，满足消费者的审美和功能需求。文创产品的创意性不仅体现在概念上，还表现在产品的材质、工艺、功能、交互方式等方面。

1. 文创产品创意性的核心要素

（1）独特性与差异化。

创意必须与众不同，体现出新颖的设计理念和个性化的表达方式。

示例：将故宫“石榴图案”提取为现代首饰设计，通过镂空工艺与金属

随堂笔记

备 注

随堂笔记

材料打造独特饰品，既传统又时尚。

（2）文化内涵的创新转化。

将传统文化元素以创新形式转化，使其更符合现代消费者的审美和需求。

示例：将京剧脸谱艺术与潮流服饰结合，打造具有现代感的戏剧元素服饰。

（3）功能性与实用性。

将创意融入日常实用产品中，使文化与生活紧密结合。

示例：将传统水墨画元素与手机壳设计结合，开发美观又实用的数码周边产品。

（4）互动性与体验感。

通过交互设计、科技融合等手段，让消费者在使用过程中获得全新体验。

示例：开发“AR 春联”，扫描春联后可看到立体动画和传统故事讲解。

（5）市场适应性与情感共鸣。

创意设计要符合目标市场需求，且能引发消费者文化共鸣与情感认同。

示例：结合年轻人喜爱的“盲盒文化”，推出传统文化主题的文创盲盒产品，寓教于乐。

2. 提升文创产品创意性的策略

（1）结合传统文化与现代艺术。

将传统文化符号、图案、工艺与现代艺术手法结合，形成新颖的视觉表达。

示例：将中国书法字体与极简平面设计结合，制作成现代风格的文化海报或艺术衍生品。

（2）跨界融合与创新设计。

打破行业和设计边界，将不同领域的元素、材料和工艺进行创意组合，激发新的设计灵感。

示例：将汉代玉雕龙的图案应用于高端皮革制品，如手提包、腕表饰品。

（3）科技与文化的结合。

运用现代科技（如 AR、VR、人工智能等）为传统文化增添互动性和趣味性，提升产品的体验感。

示例：使用 AR 技术让唐诗文化卡片变得立体化，通过手机扫描呈现动态画面。

（4）注重故事化与情景化设计。

给产品设计赋予故事性，通过视觉和情境创造文化共鸣，吸引消费者。

备 注

随堂笔记

示例：将“牛郎织女”故事融入首饰设计，每件饰品代表一段情节，串联成完整故事。

（5）多元文化元素的碰撞与重组。

融合不同地域或国家的文化元素，进行大胆创新与混搭，形成新的审美表达。

示例：将中国敦煌飞天元素与欧洲装饰艺术风格结合，设计充满中西融合特色的丝巾。

（6）可持续性与环保理念。

通过使用环保材料和创新设计，满足消费者对可持续生活的追求，同时赋予文化内涵。

示例：开发竹制环保杯，杯身雕刻传统吉祥纹样，兼具美感和环保属性。

3. 文创产品创意性的表现形式

（1）视觉创新。

在颜色搭配、图案应用和结构设计方面实现视觉突破，赋予传统元素新的艺术表现。

示例：将宫廷传统色“故宫红”与现代极简风格结合，打造文具、服装等文创产品。

（2）功能创新。

基于消费者的实际需求，对传统物品进行功能延展或改造，创造出新的使用方式。

示例：结合剪纸工艺设计多功能书签，既可以当作装饰品，又能作为礼品盒的小配件。

（3）材质创新。

使用新型材料或与传统材料创新组合，打造出符合环保与审美需求的产品。

示例：使用可回收环保纸制作折叠式灯具，外观融入传统龙凤图案。

（4）交互创新。

融合科技，设计出互动性强的产品，使消费者能够参与文化体验。

示例：AR 技术增强春节对联的互动性，让传统年俗文化充满乐趣。

（5）形式创新。

运用多维度的表达形式，打破固有产品框架，提供多层次的文化体验。

示例：将传统年画设计成动态音乐盒，通过机械设计使画面活灵活现。

备　注

随堂笔记

备 注

### （三）审美性

文创产品的审美性是指产品在设计中通过艺术化的视觉表达、和谐的形式构成、细腻的工艺呈现与文化意涵的融合，带给受众美的享受与情感共鸣。文创产品不仅是一种实用性物品，更是一种充满美感的艺术作品，其审美性决定了产品是否能够在视觉上、情感上、文化上赢得消费者的青睐。

1. 文创产品审美性的内涵

（1）视觉美感。

通过色彩搭配、图案设计、形式构建等，营造和谐且引人入胜的视觉效果。

示例：故宫的“故宫红”与皇家青绿色系的结合，配以传统纹饰，为产品增添古典且现代的审美魅力。

（2）文化美感。

将特定文化符号、地域特色、历史故事通过艺术化的手法表达出来，使文化传承与设计美感相得益彰。

示例：运用敦煌飞天壁画元素设计成丝巾，融合流动线条与色彩渐变，传递东方美学。

（3）材料与质感的美。

选择高品质材料，通过工艺打造出触感细腻、形态优美的产品。

示例：将传统漆艺工艺应用于现代首饰或器物，展现出光泽柔和且耐久的美感。

（4）形式与比例的和谐。

合理运用造型结构和比例关系，保证产品的外观优雅、协调。

示例：文房四宝（如笔架、砚台）在设计时造型流畅、对称和谐，呈现出文化与形式的统一。

（5）意境与情感共鸣。

通过意境的塑造让使用者与产品产生情感上的共鸣，达到审美享受与文化情感的双重体验。

示例：结合山水画艺术的茶具设计，让人在品茗时感受到宁静致远的文化意境。

2. 文创产品审美性的表达形式

（1）色彩的运用。

色彩是产品审美的核心要素之一，合理运用传统色彩、自然色调或现代撞色设计，形成独特的视觉效果。

示例：传统色彩“青花蓝”“宫廷红”应用于日用品，如水杯、衣物，形成别致典雅的视觉美感。

（2）图案与符号的艺术呈现。

从传统文化、自然景物、民间艺术中提取符号与图案，以简化、重构或现代风格进行表达。

示例：将传统戏曲脸谱设计成极简的平面符号，制作成徽章、装饰品，充满艺术美感。

（3）形态的创造与构建。

产品造型的创新需要结合美学原则，确保线条流畅、结构比例和谐，呈现优雅的形态。

示例：将传统文化的“圆”融入现代陶艺茶具造型中，寓意团圆和谐。

（4）材质与工艺的结合。

运用不同材质（如金属、陶瓷、木材、布艺）的质感，通过现代或传统工艺创造审美上的触感美和观感美。

示例：用竹编工艺制作的灯具，光线透过竹网纹理产生自然之美。

（5）文化意境的营造。

将诗意、哲思、艺术氛围融入产品中，表达文化意境，带来深层次的审美体验。

示例：设计以唐诗“明月松间照，清泉石上流”为灵感的装饰画，从视觉上传递山水静谧的意境之美。

3. 提升文创产品审美性的策略

（1）从传统文化中汲取美学灵感。

借鉴传统绘画、雕塑、建筑、器物等的美学特点，通过现代设计语言加以转化。

示例：将汉代青铜器上的龙纹简化成线条艺术，应用于家具或饰品设计。

（2）注重材质质感与工艺细节。

材质的选择与工艺的精致呈现是产品美感的重要保证，细节决定整体审美质量。

示例：运用手工陶艺，制作带有自然纹理且色调古朴的茶具。

（3）符合现代审美的设计创新。

将传统美学元素与现代时尚、简约设计风格结合，满足当代消费者的审美习惯。

随堂笔记

备 注

随堂笔记

示例：将中国传统折扇结合极简几何风格设计，既复古又时尚。

（4）融入自然元素。

自然界的山川、水流、花草等具有天然的美感，将其提取、转化为产品设计元素，打造富有生命力的审美作品。

示例：将荷花、竹影等意象应用于现代家居设计，传递东方自然美学。

（5）创造情感共鸣与意境表达。

通过设计使产品传达特定文化或情感，产生人与物之间的共鸣。

示例：以“中秋赏月”文化为主题设计灯具，通过月形灯影与柔光创造温馨的情感氛围。

**（四）时尚性**

文创产品的时尚性是指将文化元素与现代设计理念、潮流趋势相结合，通过创新设计语言和表现形式，使文创产品在视觉、功能和体验上符合当代审美标准，满足时尚消费需求，实现文化与现代生活的融合。时尚性让文创产品摆脱单一的传统形态，拥有更广泛的市场吸引力，尤其受到年轻消费者的青睐。

1. 文创产品时尚性的核心特点

（1）传统与现代的融合。

通过现代化的设计手法重新诠释传统文化，使文化元素具有时尚感与现代生活适配性。

示例：将传统水墨画元素简化成线条艺术，设计成手机壳或潮流 T 恤。

（2）符合潮流趋势。

紧跟流行趋势，如简约风、极简风、朋克风、新国潮风等，赋予产品现代化外观和风格。

示例：将“京剧脸谱”与潮流街头文化结合，推出潮牌服饰与盲盒手办。

（3）个性化与独特表达。

产品设计注重个性与自我表达，能够满足年轻人对独特风格和品位的追求。

示例：结合“故宫猫”形象，打造拟人化、萌化的周边文创产品。

（4）实用性与便捷性结合。

将时尚外观与实用功能结合，使文创产品不仅美观，而且符合现代生活的需求。

示例：将传统中国刺绣与现代手提包、智能穿戴设备结合，既时尚又实用。

备　注

（5）互动性与体验性。

通过交互设计增强用户参与度，满足年轻消费者对“体验经济”的追求。

示例：推出 AR 互动文创产品，例如，扫描传统文化图案即可体验动态故事演绎。

2. 实现文创产品时尚性的设计策略

（1）提取传统文化元素，进行现代转化。

提炼传统艺术、建筑、服饰、符号等文化元素，通过简化、重构、再设计等手法，打造时尚的视觉效果。

示例：将故宫窗棂图案提取为几何设计，应用于现代珠宝首饰。

（2）关注流行趋势与消费需求。

分析市场潮流趋势，如新中式风、国潮风、极简风等，结合用户习惯打造符合时代审美标准的产品。

示例：以“汉服文化”为背景，设计适用于现代生活的轻便新中式服装系列。

（3）跨界融合与潮流品牌合作。

与时尚品牌、艺术家或科技公司合作，将文化内容与时尚元素进行跨界混搭，激发年轻市场的兴趣。

示例：敦煌壁画与国际潮流品牌合作推出限量潮鞋。

（4）运用时尚色彩与材质工艺。

结合流行色彩趋势与现代工艺技术，如金属、PVC、硅胶等材质，让产品更具潮流感。

示例：将国画中的“青绿山水”色彩融入运动鞋设计，结合科技面料制作运动服。

（5）注重功能性与生活方式契合。

将文创产品设计为满足现代生活方式需求的实用品，如随身配饰、文具、家居用品等。

示例：以“中国古琴”为灵感，设计高端蓝牙音箱，将时尚科技与传统音乐文化结合。

（6）数字化与新媒体传播。

运用短视频、社交媒体等新媒体手段，通过故事化、时尚化的传播方式触达年轻消费群体。

示例：在社交平台上通过“时尚文创开箱”“创意视频秀”等方式推广国风文创潮品。

备　注

随堂笔记

3. 文创产品时尚性的表现形式

（1）新国潮风。

将传统文化元素如书法、脸谱等与时尚潮流结合，打造富有文化内涵的现代时尚产品。

示例：汉服、潮流 T 恤设计中融合书法艺术与现代街头风。

（2）简约与极简风。

利用极简设计语言，如线条、块面、留白，搭配柔和或撞色的视觉表现，符合现代审美标准。

示例：简化青花瓷元素，设计成蓝白搭配的环保水瓶。

（3）多元跨界风。

将艺术、科技、潮玩、环保等跨领域元素结合，吸引跨圈层受众的关注。

示例：3D 打印技术与传统纸雕艺术相结合，设计现代家居装饰品。

（4）互动与智能风。

将智能科技融入传统文化设计，增加产品的交互功能，丰富体验性。

示例：通过触摸屏操作的“清明上河图动态画卷”，让消费者沉浸体验文化魅力。

**（五）趣味性**

文创产品的趣味性是指通过巧妙的设计、互动体验、功能创意与视觉表现，使产品带有娱乐性、幽默感或互动感，给消费者带来愉悦和好奇的情绪体验。趣味性是文创产品吸引年轻消费群体的重要特征，它使文化元素更加生动、亲切、有吸引力，同时能够激发人们的探索欲与购买欲。

1. 文创产品趣味性的核心要素

（1）互动体验。

文创产品通过设计使消费者能够动手参与或互动，提升用户体验和使用乐趣。

示例：故宫推出的“宫廷娃娃”立体拼图，可供游客亲自动手组装成具有文化元素的小摆件。

（2）幽默与玩味。

在产品设计中融入幽默感、夸张效果或俏皮元素，营造轻松、有趣的情绪体验。

示例：结合历史人物设计成表情丰富的 Q 版手办，拉近文化与年轻人的距离。

备　注

（3）功能创意。

设计具有实用价值的多功能产品，将趣味性与日常生活需求相结合。

示例：设计一款“山水画卷”式的笔筒，通过卷轴展开既可赏画，又可摆放文具。

（4）情境与故事。

通过设计讲述有趣的文化故事，或营造独特场景，引发用户兴趣与文化探索欲望。

示例：将《清明上河图》中的人物场景设计为动态立体拼图玩具，重现古画故事。

（5）新奇与独特。

融入意想不到的元素或设计，将常规产品变得与众不同，带来新奇体验。

示例：设计一个按压时可发出古代戏曲片段的印章，让日常办公增添趣味性。

2. 增强文创产品趣味性的设计方法

（1）文化 IP 拟人化与卡通化。

将文化元素或传统故事中的人物、符号转化成 Q 版、卡通化形象，使其更具亲和力。

示例：将故宫的动物元素（如石狮、仙鹤）设计成表情包或卡通公仔。

（2）动态设计与多功能交互。

在文创产品中引入可动结构或多功能设计，使用户可以参与使用或体验互动趣味。

示例：推出可以变形的“兵马俑”系列拼装积木，兼具历史文化和娱乐互动。

（3）巧妙的幽默创意。

在产品设计中结合幽默风趣的创意，增加产品的喜剧性和新奇性。

示例：设计一套“愤怒的龙”茶壶，当茶倒满时，壶嘴会发出“龙的呐喊”声。

（4）游戏化设计思维。

融入游戏元素，通过互动、解谜、探索等形式为文创产品增添趣味。

示例：设计“传统神话”主题的桌游卡牌，玩家通过游戏体验传统神话故事。

（5）结合现代潮流与科技。

运用 AR、VR 等现代科技手段，让文创产品呈现出更具互动性和趣味性的体验。

随堂笔记

备 注

随堂笔记

示例：AR 互动书签，扫描书签上的传统图案，可以看到动态的文化故事演绎。

（6）文化符号的日常趣味转化。

将传统文化符号与现代生活用品结合，在满足实用需求的同时增加趣味性。

示例：将青花瓷元素设计成吸管杯，喝水时仿佛“喝青花瓷里的水”。

3. 趣味性文创产品的表现形式

（1）趣味装饰与摆件。

通过创意的造型和设计，将文化元素转化为趣味装饰物，使空间更具文化活力。

示例：仿“唐三彩”的趣味摆件，设计成可变换姿态的萌宠形象。

（2）实用创意文具。

在办公或学习用品中融入趣味设计，让日常工具变得更加有趣和生动。

示例：设计一款“大禹治水”主题的漏斗，水流经过时形成动态水景。

（3）互动型玩具与益智产品。

将文化元素与娱乐、益智功能结合，设计成动手体验类产品。

示例：拼图、积木、纸艺等互动玩具，重现敦煌壁画、兵马俑等文化场景。

（4）趣味生活用品。

将日常生活用品与文化符号结合，增加实用功能的趣味性。

示例：印有古代仕女画的“变装”马克杯，热水倒入时，仕女服饰会“更换”造型。

备　注

（5）盲盒与潮玩产品。

将文化形象设计为盲盒产品，通过神秘感和趣味收藏机制吸引消费者。

示例：“十二生肖”主题的手办盲盒，每一个都带有传统生肖故事与个性化设计。

（6）现代科技与动态互动。

运用科技手段如声光电技术，将静态产品变成趣味动态互动。

示例：设计一款 AR 互动“皮影戏”玩具，孩子扫描后可以看到皮影人物动态故事表演。

**（六）实用性**

文创产品的实用性是指产品在满足文化传播和艺术欣赏价值的同时，具备切实的功能性和日常适用性。这种实用性让文创产品不仅仅是观赏品，更能与消费者的日常生活紧密结合，提升产品的可用性与价值感，使文化元素潜移默化地融入现代生活。

1. 文创产品实用性的核心特点

（1）功能性与便利性。

产品设计必须具有实用功能，满足人们在工作、学习、生活等方面的实际需求。

示例：以传统团扇为原型，设计出防晒功能强且具备折叠便携的文创扇子。

（2）与日常生活结合。

文创产品需与现代人的生活方式高度契合，使文化元素融入日常生活，不影响实用价值。

示例：设计将青花瓷图案融入日用瓷盘和餐具，兼具传统美感与实用价值。

（3）人性化设计。

在符合文化元素的基础上，注重使用的舒适感、便捷性和用户体验。

示例：改良古代水盂的造型，将其设计成符合人体工程学的现代家用花洒喷头。

（4）耐用性与环保性。

选材优质，设计考究，具有长久的使用价值，同时注重环保理念，贴合现代消费趋势。

示例：用竹子、麻布等天然环保材料设计笔记本或文件夹，搭配书法篆刻元素。

（5）多功能设计。

产品可以兼具多重功能，提升使用效率，使其在功能实用性上更有吸引力。

示例：设计一款可作为收纳盒的“书法砚台”，既是艺术摆件，又可用于存储文具。

2. 提升文创产品实用性的设计方法

（1）结合日常生活用品。

将传统文化符号应用到家居用品、文具、服饰等物品上，提升产品的使用频率与价值。

示例：利用《清明上河图》的桥梁设计元素，将其制作成书架，既有艺术气息，又功能实用。

（2）现代科技与传统结合。

借助现代科技手段，使传统文化元素融入现代智能生活产品，提升功能性和科技感。

随堂笔记

备 注

随堂笔记

示例：将甲骨文图案融入智能音箱外观设计，将文化意象与智能科技结合。

（3）模块化与多功能设计。

融入可拆卸、折叠、变形等功能，使文创产品便于携带且功能多样化。

示例：设计一款折叠式“云纹”背包，既美观又便于日常出行使用。

（4）材质创新与环保理念。

选用耐用、环保的材料，将传统文化美学与现代工艺结合，体现可持续消费理念。

示例：以再生纸设计手工日历台，结合篆刻传统工艺，让日历既美观又可循环使用。

（5）以人为本，注重用户体验。

关注消费者实际使用场景和习惯，合理设计尺寸、功能、操作等方面，提升使用便利性。

示例：设计“长城”外形的钥匙扣，结合分装功能，使其轻便且具备实际收纳用途。

3. 文创产品实用性的表现形式

（1）文创文具。

将传统文化元素与书写工具、笔记本等文具产品结合，提升日常学习工作的趣味性。

示例：书签设计为“龙凤”造型；青铜器图案印制于硬皮笔记本封面。

（2）家居生活用品。

将实用性强的家居用品，如餐具、杯具、装饰品等，通过文化元素增添美感和内涵。

示例：茶杯设计结合“山水画”元素，使日常饮茶更具艺术感。

（3）服装与配饰。

将传统纹样或图腾融入现代服饰和配饰设计，既满足穿着需求，又融入文化认同感。

示例：以京剧脸谱图案设计领带和丝巾，既商务实用又有文化特色。

（4）智能与科技产品。

融入现代科技和互动设计，使传统文化符号出现在电子产品、智能工具中。

示例：印有篆刻印章图案的充电宝，文化与科技共存。

（5）旅游纪念品。

结合实用功能与文化标识，设计旅行用具，让文化产品具备收藏性与实用性。

备 注

示例：以兵马俑为元素设计折叠旅行手提袋，方便携带且富有纪念意义。

（6）文化家电与工具。

将艺术及传统文化符号与现代工具、电器结合，实现视觉美感与日常功能统一。

示例：青花瓷风格的电饭煲外观设计，让烹饪也充满文化氛围。

4. 文创产品实用性的意义

（1）贴近生活，拉近文化与大众的距离。

文创产品将传统文化融入日常生活场景，让人们在使用中感受文化的魅力。

（2）扩大市场受众，提高产品购买力。

相比单纯的观赏性文创，实用性文创更容易被普通消费者接受，市场前景更广阔。

（3）促进文化传承与创新。

实用性设计使传统文化以现代形式延续和传播，让人们潜移默化地传承文化认同感。

## 三、文创产品的类别

### （一）博物馆文创产品

1. 博物馆文创产品的定义

博物馆文创产品是以博物馆馆藏的历史文化资源、文物、艺术品为创作源泉，通过现代设计与创新，将其转化为具有实用价值、艺术价值及文化传承功能的产品。这些产品不仅具有收藏与纪念价值，还能广泛应用于日常生活、文化传播及教育等领域。图 1–15 所示为甘肃省博物馆鲵鱼纹彩陶瓶文创。

图 1–15　甘肃省博物馆鲵鱼纹彩陶瓶文创（图片来源于网络）

随堂笔记

备　注

随堂笔记

博物馆文创的核心是，将传统文化与现代设计相结合，使文化遗产得到更广泛的传播和传承，满足公众日益增长的文化需求和消费需求。

2. 博物馆文创产品的类别

（1）日用类产品。

文具类：如笔记本、钢笔、书签、便签纸等，常以文物图案或艺术元素为设计灵感。

家居类：如杯子、盘子、抱枕、床品、桌布等，结合博物馆展品的元素，设计具有艺术性和实用性的家居产品。

穿戴类：如T恤、围巾、帽子、鞋类等，采用文物元素、博物馆标志、经典艺术形象等进行设计，便于日常穿着。

（2）装饰类产品。

艺术品复制品：如博物馆内的雕塑、画作等文物或艺术作品的复制品，用于家庭或办公室装饰。

挂件/摆件：如小型雕塑、装饰画、挂饰等，常选用具有代表性的文物图案。

珠宝类：设计成与文物或文化符号相对应的珠宝饰品，增加文化附加值。

（3）数字及互动产品。

虚拟文创产品：如博物馆虚拟参观App、文化教育类游戏或增强现实（AR）体验，通过数字化方式将博物馆资源与现代技术结合。

在线学习工具：如文化课程、讲座、互动书籍等形式，帮助用户更好地理解博物馆的历史与文化。

（4）文化旅游产品。

纪念品：如明信片、钥匙扣、纪念章等，常见于博物馆的售卖区。

特色包装商品：包括当地特产、手工艺品或与博物馆文化紧密相关的旅游商品。

（5）教育类产品。

书籍/图册：如博物馆馆藏文物的图录、历史书籍、文化解读书籍等，用于教育与普及历史文化知识。

手工自制套件：如传统工艺、文物仿制品的自制套件，通过互动性手工操作让公众了解传统文化。

3. 博物馆文创产品的设计流程

博物馆文创产品的设计通常经过以下几个主要步骤：

（1）调研阶段。

分析博物馆资源：设计团队首先需要深入了解博物馆的文化背景、馆藏

备 注

文物、艺术特色、展览内容等。

目标受众分析：确定产品的目标受众，了解他们的兴趣、需求及消费偏好，例如年轻人、家庭、游客等。

市场调研：通过研究市场上的类似产品，分析其成功与不足，找到差异化的设计方向。

（2）创意构思。

文物元素提取：根据博物馆的特色，选择具有代表性的文物元素、艺术符号、历史背景等，提取设计灵感。

功能与审美结合：在确保文化传承的基础上，设计产品时要注重实用性与美学的结合，避免单纯的仿制品。

创新表达：根据目标市场的需求，运用现代设计手法（如极简风、复古风、现代艺术等）进行创意设计。

（3）设计阶段。

初步设计草图：设计师根据创意构思绘制产品的初步设计图，展示产品外观、形态、尺寸等。

设计深化：对初步设计进行修改与完善，确定色彩搭配、材质选择、工艺处理等细节，确保既符合现代审美，又能够体现文化特色。

功能优化：对产品的功能性进行优化，使其更符合使用需求。例如，家居产品应具备便捷的使用功能，文具类应便于携带。

（4）原型制作。

制作样品：根据最终设计，制作产品的原型样品。样品制作过程中可能需要多次试验和调整，以确保设计的可行性。

评估与修改：对原型样品进行评估，检查其外观、质量和功能，如果需要，进行改进或调整。

（5）生产与推广。

小批量生产：在产品设计和原型确认无误后，进行小批量生产，以测试市场反应。

市场推广：通过线上线下渠道，进行博物馆文创产品的宣传和销售。可借助社交媒体、博物馆官网、展览会等平台进行推广。

用户反馈与改进：通过收集消费者的反馈意见，不断优化和改进产品，以适应市场需求和文化传播的目标。

### （二）非遗文创产品

非物质文化遗产（简称“非遗”）文创产品是指以国家和地区的非物质文

随堂笔记

备 注

随堂笔记

化遗产为基础，结合现代设计和工艺技术，开发的具有文化内涵、艺术价值、实用性和市场性的创意产品。这些产品通过创新设计将传统的非物质文化遗产与现代生活需求相结合，既传承和弘扬传统文化，又满足当代消费者的审美和实用需求。

非遗文创产品不仅是文化的载体，还能够促进非物质文化遗产的保护与发展，推动其在全球化背景下的活态传承。图 1–16 所示为掐丝珐琅岩彩文创。

图 1–16　掐丝珐琅岩彩文创（图片来源于甘肃九发文化传媒有限公司）

1. 非遗文创产品的类别

（1）传统手工艺类。

织染类产品：如刺绣、扎染、织布、传统编织等技艺制作的衣物、家纺、饰品等。

陶瓷类产品：利用传统陶瓷技艺（如景德镇瓷器）制作的艺术品、日用器皿、装饰品等。

木工雕刻类：通过木雕技艺制作的家具、装饰品、工艺品等。

金银铜器类：传统的金银铜器技艺制作的首饰、器皿、摆件等。

（2）食品类产品。

传统美食再创作：如地方特色美食的包装与创新，加入现代元素制作便捷化产品（如传统小吃、酱料、地方特产的包装设计等）。

茶文化产品：如各种传统茶叶及茶具的创新设计、礼盒等。

（3）服饰类产品。

民族服饰：采用传统刺绣、织锦等技艺制作的服装、饰品、头饰等。

传统工艺包袋：例如绣花包、草编包等，融合传统工艺与现代设计的包袋系列。

备　注

随堂笔记

（4）生活用品类。

家居用品：如传统手工编织的篮子、竹制品、木制品等，结合现代审美设计的家居产品。

文具和办公用品：如具有传统文化特色的笔记本、书签、笔筒等。

（5）艺术衍生品。

传统艺术品复制品：如传统绘画、雕刻、木版画等的复制品，经过艺术加工后成为适合日常生活的装饰品。

非遗数字艺术产品：通过数字化手段将非物质文化遗产转换为虚拟产品，例如 AR（增强现实）艺术展示、虚拟博物馆等。

（6）教育与互动类产品。

DIY 文化产品：如传统手工艺品的 DIY 套件（刺绣、剪纸、陶艺等），通过互动方式让消费者参与其中。

非遗教学工具：如传统乐器、舞蹈道具的教学套件、文化讲解书籍或线上课程等。

2. 非遗文创产品的设计流程

非遗文创产品的设计流程较为复杂，既要尊重传统文化，又要考虑现代消费者的需求和市场趋势。主要设计流程如下：

（1）调研与分析阶段。

非遗资源调研：首先要深入了解与分析所选非遗项目的文化背景、传统技艺、历史渊源和地方特色，研究其独特性和文化内涵。

市场与需求调研：了解目标市场和消费者的需求，分析产品的潜在受众群体（如年轻人、文化爱好者、游客等），并考察同类产品的市场表现。

（2）创意构思与策划阶段。

文化元素提取：从非遗资源中提取具有代表性的元素，诸如传统图案、手工技艺、民俗符号等，这些元素将成为设计的核心灵感来源。

功能与美学结合：设计过程中，要注重非遗文化的传承性，同时考虑现代生活的实用性和审美要求。设计师需要确保产品既能展现传统的艺术魅力，又能适应现代消费者的需求。

创新表达：可以采用新的设计语言（如极简主义、现代风格等）来表现传统文化，使产品在视觉上既有传统感，又具备当代感。

（3）设计草图与模型阶段。

初步设计草图：根据创意构思，设计师绘制产品草图，确定产品的基本形态、大小、功能、外观等。

备　注

随堂笔记

材质与工艺选择：根据产品类型，选择合适的传统工艺和现代材料，如手工编织、陶瓷、竹木、金属等，以及与之相适应的加工技术。

色彩搭配与装饰设计：在确保文化符号的准确表达基础上，设计师要注意色彩的搭配、装饰元素的设计，以便提高产品的市场吸引力。

（4）样品制作与评估阶段。

制作原型样品：根据最终设计稿，制作出产品原型，并进行多轮试验和调整，确保产品质量和外观符合设计要求。

评估与修改：对样品进行功能性测试（如使用便利性、舒适度等）及市场反馈，确保产品既符合传统文化内涵，又能满足现代消费者的需求。

（5）生产与推广阶段。

小批量生产：在确保样品无误后，进行小批量生产，测试市场反应和生产工艺的可行性。

市场推广：通过线上（社交媒体、电商平台等）与线下（博物馆、展览、传统市场等）多渠道进行产品的宣传与销售。

消费者反馈与持续改进：通过消费者的反馈不断改进产品，提升产品质量和设计，扩大市场影响力。

**（三）旅游文创产品**

旅游文创产品是指以某一地区的自然景观、历史文化、风俗民情、特色产业等为创作基础，通过创意设计，将传统文化、地方特色和旅游资源转化为具备审美价值、实用性和市场性的商品。这些产品不仅作为旅游纪念品，还是文化传播和地方品牌建设的重要载体，能够提升游客的体验感和归属感，增强旅游目的地的文化印象。

备　注

旅游文创产品的目标是通过创新设计和本地特色的融合，让游客能够在日常生活中感受到旅游目的地的文化内涵，从而推动当地的旅游发展和文化传承。

1. 旅游文创产品的类别

（1）纪念品类。

小饰品：如钥匙扣、纪念章、磁铁、徽章、明信片等，通常以旅游景点、地标性建筑、当地特色文化为主题设计（见图 1–17）。

手工艺品：地方特产的手工艺品，如陶瓷、木雕、刺绣、编织等具有地方特色的传统工艺品。

摄影艺术品：以景点或当地自然风光为主题的摄影作品，如挂画、艺术版画等。

图 1–17　兰州中山桥冰箱贴文创（图片来源于甘肃四象造物文化创意有限公司）

（2）实用生活类产品。

文具类：如笔记本、书签、纸巾盒等，设计中融入当地特色文化元素或景点图案。

家居装饰类：如陶瓷花瓶、挂毯、家纺用品等，利用地方传统工艺或文化符号制作而成，适合家庭装饰。

日用生活用品：如手提包、T 恤、围巾、帽子等，具有当地特色和文化符号，兼具时尚感和实用性。

（3）地方美食类产品。

包装食品：如当地特色食品、酱料、糖果、茶叶、干货等，通常采用具有当地风味的包装设计，体现地域特色。

特色饮品：如地方特色茶、酒、果汁等，结合当地文化，通常采用独特的瓶装或包装设计。

（4）旅游纪念套装。

礼品套装：如结合旅游地标、地方手工艺品、特色食品的综合礼盒，适合作为纪念品或礼品赠送。

地方文化体验包：例如手工制作套件、旅游地图、传统工艺材料包等，游客可以通过亲身参与制作体验当地文化。

（5）文化体验类产品。

文化学习工具：如当地传统手工艺或舞蹈的教学视频、音响、乐器等。

随堂笔记

备　注

随堂笔记

互动体验产品：如沉浸式 VR 体验、旅游地的互动展览产品等，利用现代科技将旅游目的地的文化进行展示和体验。

2. 旅游文创产品的设计流程

设计旅游文创产品的流程涉及从文化资源的发掘到产品的市场推广等多个环节。以下是一般的设计流程：

（1）调研与策划阶段。

资源调研：深入了解旅游目的地的自然景观、历史文化、民俗风情、传统工艺、地方特产等文化资源，提炼出具有地方特色和文化符号的元素。

目标受众分析：分析潜在顾客群体的需求，确定产品面向的受众类型，如年轻游客、家庭游客、文化爱好者、纪念品收藏者等。

市场调研：研究其他旅游目的地的文创产品，了解当前市场的趋势和消费者的喜好，挖掘潜在的市场机会。

（2）创意构思与设计阶段。

文化元素提取：从当地的历史、文化、风景、风俗中提取具有代表性的元素（如地标建筑、名人、民间传说、传统手工艺等），作为产品的设计灵感。

功能与审美结合：设计师需在文化内涵的基础上，创造既符合美学又具有实用性的产品。例如，纪念品类产品不仅要具有地方特色，还要具备便携性和收藏价值。

创新设计：结合现代审美需求对传统元素进行创新转化，使产品在体现地方文化的同时，具有时尚感和市场吸引力。

（3）设计草图与原型制作。

设计草图：基于前期的调研和创意构思，设计师绘制产品的草图，确定产品的外观、形态、颜色、功能等。

原型制作：制作产品的原型样品，测试产品的可行性，检查设计细节，确保产品符合预期的文化表达和实用功能。

（4）评估与改进阶段。

样品测试：对制作的样品进行功能性、审美性、市场接受度等方面的测试，收集反馈意见。

修改与优化：根据反馈进行产品的修改与完善，包括材质、尺寸、工艺等方面的调整，以提高产品的质量和市场竞争力。

（5）生产与市场推广。

小批量生产：完成产品设计和优化后，进行小批量生产，并在市场上进行试销。

备　注

随堂笔记

销售渠道建设：通过旅游景区、纪念品商店、在线电商平台等渠道进行销售，建立多元化的销售网络。

市场宣传与推广：利用线上社交媒体、旅游宣传活动、当地展览等途径进行产品推广，吸引游客和消费者的关注。

消费者反馈：收集消费者的使用反馈，进行产品的持续优化，完善售后服务，进一步提升品牌形象和市场影响力。

**（四）生活美学文创产品**

生活美学文创产品是指通过创意设计，将美学元素与日常生活用品相结合的文化创意产品。这类产品不仅注重实用性，还强调视觉、触感、功能等多重体验，旨在提升日常生活中的审美价值，融合艺术性与生活需求。其设计灵感往往来源于传统文化、艺术、自然景观等，通过创新转化为适合现代生活的实用品，使消费者在使用过程中感受美、享受美，从而提升生活品质。

生活美学文创产品的核心价值在于“美学性”与“实用性”的平衡，它不仅满足基本的功能需求，还为人们的日常生活增添了艺术氛围和文化内涵。图 1–18 所示为李赞文设计的衡灯。

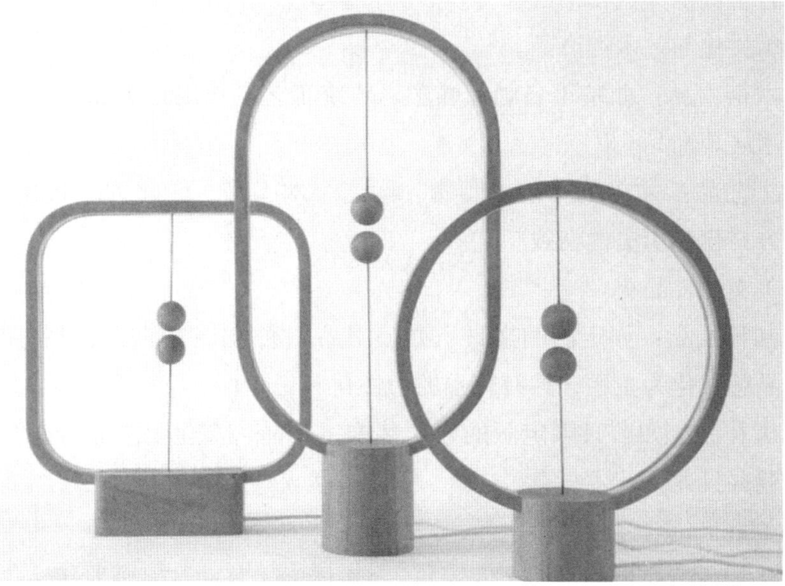

图 1–18　李赞文设计的衡灯（图片来源于网络）

1. 生活美学文创产品的类别

（1）家居装饰类产品。

家居饰品：如艺术挂画、雕塑、装饰灯具、陶瓷花瓶等，这些产品通过独特的设计提升家庭空间的艺术氛围。

备　注

随堂笔记

家具类：如具有艺术感的沙发、书桌、书架、椅子等，设计上结合了美学元素，既符合人体工程学，又具有装饰效果。

家纺产品：如床品、窗帘、抱枕、桌布等，选用优质的面料，搭配优雅的设计，提升居住环境的美感。

（2）日用生活用品。

餐具类：如精美的瓷器、玻璃杯、餐盘、刀叉等，设计上注重形态与功能的统一，常融入艺术风格与传统文化元素。

文具用品：如手账、笔记本、钢笔、纸质办公用品等，外观精美，使用中带来愉悦的美学体验。

厨房用品：如独特设计的刀具、锅具、调味瓶等，这些产品不仅实用，也具备艺术感。

（3）穿戴与配饰类产品。

服饰类：如设计感强的 T 恤、围巾、鞋类等，搭配现代元素与传统图案、文化符号，兼具时尚与美感。

饰品类：如珠宝、手表、耳环、戒指等，通过独特的设计语言表达美学理念，并与日常穿戴相结合。

（4）文化与艺术类产品。

艺术衍生品：如基于名画、雕塑、传统工艺制作的衍生品，通常作为收藏品或家居装饰品。

手工艺品：如传统工艺（刺绣、陶艺、木工等）转化为现代生活用品，展示地方文化和历史的精致工艺。

（5）文创礼品类。

定制化礼品：如定制的文具、办公用品、家居饰品等，常以特定的设计风格或品牌文化为主题，具有较强的个性化和纪念性。

节庆礼品：如节日限定版的家居装饰、饰品、文化纪念品等，往往具有节庆特色并且兼具艺术气息。

（6）数字化与互动产品。

数字艺术产品：如虚拟艺术展览、AR 体验、互动数字画册等，借助现代科技展示传统艺术和美学。

智能家居产品：如结合智能技术的家居产品，既具备高科技功能，也注重设计的美学表现。

2. 生活美学文创产品的设计流程

生活美学文创产品的设计涉及从概念创意到成品制造的多个环节。以下

备 注

随堂笔记

是设计流程的一般步骤：

（1）调研与策划阶段。

文化与美学调研：首先，设计师需要深入挖掘灵感来源，调研相关文化背景、艺术形式、传统工艺等，了解其美学内涵与历史渊源。

目标用户分析：分析产品的目标用户群体，明确消费者的审美需求、生活方式、消费习惯等，确保产品设计符合市场需求。

趋势分析：关注当前的设计趋势和市场热点，考察同类产品的设计风格与特点，避免同质化，找到独特的市场定位。

（2）创意构思与设计阶段。

概念设计：根据调研成果，设计师提出初步设计构思，明确产品功能、使用场景、外观形态、色彩搭配等。

设计语言的选择：选择符合美学要求的设计语言，如极简主义、现代主义、复古风、艺术抽象等，确保设计的独特性与艺术性。

多元化元素融合：在设计中融合不同的艺术元素，如东方美学、西方现代风格、自然元素等，创造独特的美学体验。

（3）草图与原型制作。

初步设计草图：设计师绘制产品草图，展示外观、造型、功能布局等初步想法。

原型制作：基于草图制作产品原型，测试产品的外观、功能性、材质等，验证设计方案的可行性与效果。

材质与工艺选择：根据产品的性质，选择合适的材料和制作工艺，如陶瓷、金属、玻璃、木材、布艺等，确保其既具美学效果，又满足使用需求。

（4）评估与修改阶段。

样品评估：对制作出的样品功能性、舒适度、审美性等方面进行评估，确保产品符合设计初衷。

消费者反馈：通过小范围市场测试，收集消费者的反馈，分析产品的优缺点，做出相应调整和优化。

细节改进：对设计中存在的问题进行修正，优化细节，如尺寸调整、材质改进、功能增强等。

（5）生产与推广阶段。

批量生产：在确认样品设计和修改后，开始批量生产。生产过程中要保持质量的稳定性，确保每个产品都符合设计标准。

备 注

随堂笔记

市场推广：通过线上电商平台、社交媒体、线下展会、零售商店等多渠道进行产品推广，吸引消费者的关注。

品牌建设与宣传：通过品牌的文化宣传、设计理念的传达，使消费者理解产品的文化内涵和美学价值，从而提升品牌的市场认知度。

**（五）红色文创产品**

红色文创产品是以中国革命历史和红色文化为基础，融合现代设计理念和创意，开发的具有纪念意义、教育功能和文化价值的创意商品。这些产品以中国共产党领导的革命历史、重大历史事件、革命人物、红色精神等为主题，旨在传承红色文化，弘扬革命精神，并通过创新的方式将历史文化转化为适合现代社会和市场需求的商品。

红色文创产品不仅具有纪念性和历史性，还能在现代社会中发挥文化教育、精神传承、情感共鸣等作用，成为一种重要的文化传播载体。图 1–19 所示为哈达铺红军长征纪念碑主题文创。

图 1–19　哈达铺红军长征纪念碑主题文创（图片来源于学生课程作业）

1. 红色文创产品的类别

（1）纪念品类。

红色历史纪念品：如革命历史人物雕像、红色历史事件的纪念章、徽章、纪念币、红色照片集等，主要用于纪念重要的历史事件或人物。

革命题材艺术品：如画作、版画、雕塑等艺术作品，反映革命历史的经典场景或人物形象，具有收藏价值。

（2）书籍与文献类。

红色书籍：包括革命历史的经典著作、红色小说、革命人物传记、红色故事集等，用文字传承红色精神和历史。

备　注

随堂笔记

红色文献复刻版：如早期红色文献、重要文件、会议纪要等的复刻本，以供研究者和历史爱好者收藏。

（3）文化体验类。

红色教育产品：如红色文化学习工具、互动式教育产品（如 VR 革命历史体验）、革命历史展览的电子导览设备等，利用现代技术手段进行红色文化传播。

红色文化体验包：如历史剧本、红色歌曲唱片、红色故事会套件等，帮助年轻人更好地理解和体验红色文化。

（4）文具与办公用品类。

纪念文具：如红色主题的笔记本、钢笔、办公桌用品（如笔筒、文件夹）等，设计中融入红色革命文化元素，用于工作或学习。

红色纪念邮票和明信片：用于纪念革命事件或人物的邮票、明信片，具有较高的文化价值和收藏价值。

（5）家居生活类。

家居饰品：如红色主题的家居装饰品、抱枕、桌布、挂画等，设计中融入革命标志、红色象征性符号（如星星、锤子、镰刀等）。

日用产品：如红色主题的茶具、餐具、杯子、毛巾、床上用品等，通常会加入具有革命意义的元素，使日常用品富有历史和文化内涵。

（6）服饰与配饰类。

革命主题服饰：如带有红色文化元素的 T 恤、帽子、围巾、鞋类等，通过服装设计呈现红色文化的图案和标志性元素。

红色饰品：如徽章、胸针、手表、手链等，采用红色或革命象征元素，作为服饰的点缀。

（7）旅行与外出类。

红色旅游产品：如结合红色旅游景区的定制纪念品、旅行包、背包、旅行枕等，设计中融入革命历史景点的文化符号。

革命主题行李箱与背包：如印有革命标志的旅行箱包、背包等，适合游客购买并作为旅行纪念。

2. 红色文创产品的设计流程

红色文创产品的设计既要尊重革命历史和文化，又要通过创新设计赋予其现代感和市场吸引力。以下是红色文创产品的设计流程：

（1）调研与策划阶段。

文化资源调研：深入研究红色文化的历史背景、革命事件、重要人物、

备 注

随堂笔记

精神内涵等，确保设计理念的历史准确性和文化深度。

市场需求调研：分析目标受众群体，如红色文化爱好者、游客、青少年学生、纪念品收藏者等，明确其需求和偏好。

竞品分析：调研现有的红色文创产品，了解市场上类似产品的特点、风格及市场反应，避免同质化设计，找准独特的切入点。

（2）创意构思与设计阶段。

文化元素提取：从革命历史、人物、事件中提取具有象征性、纪念性的元素，如红星、红旗、革命口号等，用作设计的灵感来源。

设计风格确定：选择合适的设计风格，既要体现革命文化的严肃性，又要兼顾现代审美。例如，设计可以采用复古风格、简约风格或现代艺术风格，以增强产品的吸引力。

功能与美学结合：设计中要确保产品既具实用性，又具有足够的艺术性。比如，纪念品类的设计既要有历史感，又要便于携带和收藏；家居类产品要兼顾实用性和装饰性。

（3）草图与原型制作。

草图设计：设计师根据前期的调研和创意构思，制作产品草图，确定形态、尺寸、色彩、材质等。

模型制作：制作产品原型或样品，进行形态和功能的验证，确保设计符合预期要求，进行初步用户体验测试。

（4）评估与修改阶段。

功能性评估：检查产品的实用性和功能性，如文具类产品的书写流畅性、家居饰品的装饰效果等。

消费者反馈：通过小范围市场测试、焦点小组等方式收集消费者的反馈意见，了解产品的市场接受度和文化符号的表达效果。

设计优化：根据反馈对产品进行修改，优化细节，如调整颜色搭配、修改材质、增强舒适性等。

（5）生产与推广阶段。

批量生产：在确认产品设计和样品无误后，进入批量生产阶段。生产过程中需要确保每个产品的质量稳定，符合设计标准。

市场推广：通过线上平台（如电商网站、社交媒体）、线下渠道（如红色旅游景区、纪念馆等）进行产品推广，吸引消费者购买。

文化传播与教育功能：通过合作与宣传，强调产品的文化价值和教育意

备　注

义。例如，在产品宣传中传递革命历史、红色精神和革命人物的故事，让消费者不仅购买产品，还能通过产品了解红色文化。

（6）销售与消费者反馈。

销售渠道拓展：通过博物馆、纪念馆、旅游景点、文创商店等多个渠道进行销售，同时借助线上电商平台扩展市场。

收集反馈：通过销售数据和消费者的反馈，评估产品的市场表现，收集消费者的意见以便进行改进和优化。

### （六）娱乐 IP 衍生文创产品

娱乐 IP 衍生文创产品是指以娱乐产业中的知名 IP（知识产权）为基础，通过创意设计，将其独特的文化元素、人物形象、故事情节等转化为具有市场吸引力的商品。这些产品不仅依托娱乐作品的品牌影响力和粉丝群体，还通过创新设计融入娱乐 IP 的精神、情感和文化符号，使其不仅具备实用性和收藏价值，还能激发粉丝的情感共鸣，形成品牌价值的延伸。

娱乐 IP 衍生文创产品不仅包括电影、电视剧、动画、游戏、小说、动漫等多种形式的 IP，还包括从玩具、服饰到日用商品、艺术品等各类衍生商品。图 1–20 所示为唐宫夜宴舞剧衍生的 IP 文创。

图 1–20　唐宫夜宴舞剧衍生的 IP 文创（图片来源于网络）

1. 娱乐 IP 衍生文创产品的类别

（1）玩具与模型类。

角色模型与公仔：根据娱乐 IP 中的主要人物或经典场景制作的手办、模型、公仔等，如动漫角色、电影中的超级英雄、游戏中的主角等。

拼图与积木：将娱乐 IP 中的人物、场景或故事元素设计成拼图或积木，供粉丝组装和收藏。

玩具车与道具：根据电影、电视剧或游戏中的经典交通工具或道具制作

随堂笔记

备　注

随堂笔记

成模型玩具，吸引粉丝购买和收藏。

（2）服饰与配饰类。

主题服饰：如印有 IP 角色或标志性图案的 T 恤、卫衣、帽子等服装，或是电影、游戏主题的鞋子、袜子等配件。

饰品类：包括主题耳环、项链、戒指、手链等，将 IP 中的元素（如标志性符号、角色形象、关键道具等）转化为时尚饰品。

定制周边：为特定粉丝群体定制 IP 衍生品，如印有粉丝名字或粉丝编号的限量版商品。

（3）日用商品类。

文具用品：如 IP 主题的笔记本、钢笔、书签、笔袋等，吸引粉丝在日常生活中使用，并展现对 IP 的热爱。

家居用品：如印有 IP 图案的床上用品、窗帘、抱枕、桌布、餐具等，旨在将 IP 融入日常生活中。

厨房用品：如印有角色或标志的茶具、咖啡杯、餐盘等，将 IP 与日常饮食生活相结合。

（4）艺术衍生品。

海报与画作：基于 IP 中的经典画面、角色形象或剧照设计的艺术海报、插画、画册等，通常具有一定的收藏价值。

雕塑与艺术品：如将 IP 中的人物或场景雕刻成艺术作品，作为高端收藏品出售。

限量版艺术产品：限量发售的艺术衍生品，如签名版海报、手工制品等，通常带有收藏价值。

（5）数码产品与电子配件。

电子配件：如 IP 主题的手机壳、耳机、充电宝、键盘、鼠标垫等，结合娱乐 IP 的品牌和元素，吸引粉丝购买和使用。

虚拟商品与 NFT：一些基于娱乐 IP 的数字产品，如游戏中的虚拟物品、角色皮肤，或者 NFT（非同质化代币）等数字艺术作品。

（6）游戏周边

实体游戏产品：如游戏中的角色模型、道具、卡牌等实体周边商品，供玩家与粉丝收集和使用。

桌游与卡牌游戏：根据 IP 设计的桌面游戏或卡牌游戏，通常包含 IP 中出现的角色和场景，供粉丝进行互动和娱乐。

备 注

随堂笔记

（7）限量版和收藏类商品。

限量版商品：如 IP 相关的限量 T 恤、手办、鞋类、玩具等，具有较高的市场价值和收藏价值，通常以数量有限的方式推出。

VIP 收藏品：专为忠实粉丝或 VIP 会员推出的特殊商品，常带有特殊标识，如限量编号、签名、个性化定制等。

2. 娱乐 IP 衍生文创产品的设计流程

娱乐 IP 衍生文创产品的设计是一个多方面、跨学科的创意过程，涉及对 IP 的深刻理解、市场需求的分析和创新设计的平衡。以下是典型的设计流程：

（1）调研与策划阶段。

IP 背景调研：深入了解娱乐 IP 的背景、核心内容、粉丝群体、文化符号、人物设定、故事情节等，确保产品设计能够忠实再现 IP 的精髓。

目标受众分析：明确产品的主要受众（如青少年、成年粉丝、收藏者等），分析他们的消费习惯、审美需求和购买力，确保设计的产品符合市场需求。

市场调研与竞争分析：研究目前市场上类似的 IP 衍生品，了解竞争对手的产品特性和定价策略，发现潜在的市场机会。

（2）创意构思与设计阶段。

设计主题确定：根据 IP 的特点，选择合适的主题方向（如电影中的经典场景、角色形象、标志性道具等）进行创意构思。

设计草图与方案制订：根据选定的主题，设计师绘制草图或初步设计方案，确定产品的形态、功能、颜色、材质等基本元素。

功能与美学融合：确保设计在满足功能性需求的基础上，能够充分展示 IP 的魅力。例如，设计服饰时要兼顾穿着的舒适性与 IP 元素的艺术性。

（3）原型制作与评估。

制作原型：基于设计方案，制作产品的原型或样品，进行实际物理制作，测试其外观、功能性及用户体验。

反馈与改进：通过内部评审或小范围测试，收集设计师、消费者或粉丝的反馈，进一步完善设计方案。

（4）生产与工艺设计。

选择生产厂家：选择具备制作该类文创产品的专业厂家，确保生产过程中的质量控制和工艺精细度。

工艺材料确定：根据产品类别，选择合适的材料（如塑料、金属、陶瓷、布料等），确保产品的质感与耐用性。

备　注

随堂笔记

生产流程管理：监控生产过程，确保生产出的衍生品符合设计标准和质量要求。

（5）市场推广与销售。

品牌与宣传策略：通过社交媒体、线下活动、联名合作等方式进行宣传推广，提高粉丝的关注度和产品曝光率。

销售渠道拓展：通过电商平台、专卖店、线下体验店等渠道进行销售，并在适当的时机发布限量版或特别版产品，吸引更多粉丝购买。

粉丝互动与反馈：通过与粉丝的互动，获取产品市场反馈，帮助改进未来的衍生品设计。

（6）持续优化与更新。

产品迭代与更新：根据市场的反馈和流行趋势，对现有的衍生品进行升级或迭代，推出新版本或新系列，以保持产品的市场竞争力。

维护粉丝关系：通过社交平台与粉丝保持互动，了解他们的需求和反馈，定期发布限量商品或特别设计，维护粉丝忠诚度和品牌活力。

## 任务实施

1. 组建团队及成员分工

（1）任务背景。

团队协作是未来创业及就业的岗位核心能力之一。此次任务以小组形式成立模拟初创企业，通过推选 CEO、规划团队信息，体验企业组建与初期管理流程，同时提高合作沟通能力。

（2）任务目标。

①通过小组合作，体验初创企业的组织与角色分工。

②培养团队协作、领导力、品牌创意能力及任务管理技能。

③为后续团队项目奠定组织和身份基础。

（3）任务内容。

以 5~6 名学生组建学习互助小组，成立模拟初创企业，推选团队 CEO，明确每位成员的专业特长与兴趣方向，为后续任务奠定角色基础，并填写信息表。

| | |
|---|---|
| 团队名称 | |
| 团队口号 | |
| 团队 CEO | |
| 团队成员及分工 | |

备　注

随堂笔记

2. 文化创意脑力激荡与创业想法设定

（1）任务背景。

文创设计的核心在于用文化内涵激活创意，通过不同类别的文创产品传递文化价值，同时满足目标用户需求。此次任务以文化产品类别为切入点，通过小组协作设计创意创业想法，并深入挖掘其中一个方向，形成具体创意方案和展示汇报材料。

（2）任务目标。

激发创意思维，探讨文化主题与文创产品的结合可能性；通过小组合作梳理创意流程，从初步设想到可实施的商业方案；通过用户分析与盈利模式设计，培养文创创业思维；完成创意方案展示，提升团队沟通与表达能力。

（3）任务内容。

①选定文创产品类别。小组成员共同讨论并选择具体文创产品类别，如博物馆文创产品、非遗文创产品、旅游文创产品、生活美学文创产品、红色文创产品、IP 形象衍生文创产品等。每组选取 1~3 个文创产品类别，明确创新立足点，并结合目标用户需求展开创意构思。

②确定文创产品品类。结合文创产品类别，团队选择 3~5 个文创产品品类作为创意载体（不限于以下类别）：

家居装饰类：如摆件、灯具、挂画等。

日用文具类：如书签、手账、文件夹、便签纸等。

服饰配件类：如服装设计、饰品、围巾、包袋等。

数字文创类：如文化主题表情包、动态壁纸、NFT 数字艺术品等。

食饮礼盒类：如地方特色食品礼盒、饮品杯设计等。

③脑力激荡与创意生成。围绕文创产品类别和文创产品品类，通过团队头脑风暴，设定 5 个文化创意创业想法，并为每个想法介绍以下内容：

创意核心：产品的设计思路与文化符号的结合点；明确文创产品的文化元素及独特亮点（如源于某传统手工艺或故事的灵感）。

盈利模式：说明产品如何投入市场，采用的销售策略（如电商平台、线下体验店）；制定价格范围并设定附加服务（如礼品包装、定制设计等）。

目标用户：明确产品面向的消费者人群（如青年学生、旅游消费者）；分析用户行为特点、购买习惯与文化需求。

将文化创意创业想法记录在表格之中，最终通过与教师沟通探讨，选择一项主题，以 PPT 形式进行最终成果汇报。

备　注

随堂笔记

<table>
<tr><th>文创主题</th><th>文化内容</th><th>创意想法</th><th>营利模式</th><th>目标用户</th></tr>
<tr><td rowspan="5">非遗文创<br>博物馆文创<br>城市文创<br>红色文创<br>校园文创<br>IP 主题文创<br>……</td><td></td><td></td><td></td><td></td></tr>
<tr><td></td><td></td><td></td><td></td></tr>
<tr><td></td><td></td><td></td><td></td></tr>
<tr><td></td><td></td><td></td><td></td></tr>
<tr><td></td><td></td><td></td><td></td></tr>
</table>

备　注

（4）评分标准。

创意内容的文化价值与创新性（30 分）：文化主题结合紧密，产品创意富有特色。

营利模式与目标用户分析（30 分）：商业规划清晰，目标人群定位合理。

策划方案的思路的完整性（30 分）：整体思路及汇报内容充实且逻辑清晰。

团队合作与展示表现力（10 分）：汇报组织合理，表达流畅，分工明确，充分体现团队合作精神。

## 模块小结　任务实施情况综合评价

1. 技能点评价表

使用说明：按评价指标评价项目技能点成绩，满分为 100 分。其中，作品文案占 60 分，展示陈述占 40 分；教师评价占 70%，学生互评占 30%。

| 技能点评价指标 | | 分值 | 得分 |
| --- | --- | --- | --- |
| 作品文案 | 文化资源梳理清单表完整性、合理性 | 10 | |
| | 个人对企业文创业务调查的全面性 | 10 | |
| | 小组文创主题方案的逻辑性 | 20 | |
| | 内容的原创性 | 20 | |
| 展示陈述 | 演讲专业程度 | 10 | |
| | 语言技巧与非语言技巧 | 10 | |
| | 团队合作配合程度 | 10 | |
| | 时间分配 | 10 | |

2. 素质点评价表

使用说明：按评价指标评价项目素质点成绩，优秀为 5 分，良好为 4 分，一般为 3 分，合格为 2 分，不合格为 1 分。评价分为学生自评与小组成员互评。

| 评价对象 | 素质点评价指标 | 分值 | 得分 |
| --- | --- | --- | --- |
| 学生自评 | 团队协作能力 | 5 | |
| | 交流沟通能力 | 5 | |
| | 信息素养与学习能力 | 5 | |
| | 独立思考与创新能力 | 5 | |
| 学生互评 | 成员姓名 | 得分 | |
| | | | |
| | | | |
| | | | |
| | | | |
| | | | |

注：①团队协作能力，指能态度端正积极参与小组讨论，遵循小组任务分配，合作完成项目；②交流沟通能力，指善于倾听他人的观点；③信息素养和学习能力，指善于搜集并借鉴有用的信息、好的思路和想法；④独立思考与创新能力，指能提出新的想法、建议和策略。

随堂笔记

备　注

# 模块二

# 文创产品的研发思路

## ◆ 主要知识内容

1. 项目调研与文化元素挖掘的方法
2. 竞品调研分析的方法步骤和策略
3. 产品定位与目标消费者分析方法

## ◆ 主要实施任务

1. 策划翔实创业方案
2. 撰写竞品分析报告
3. 产品机会预期评估
4. 设计产品整体定位
5. 模块任务综合评价

随堂笔记

## 学习目标

掌握文创项目调研及文化挖掘的方法流程；掌握竞品调研与分析的方法，撰写竞品分析报告；完成团队初创产品的设计定位。

# 任务 1　项目调研与元素挖掘

## 任务知识

文创项目的第一步即在确定文创主题类别之后，开展项目调研，项目调研可分为文创主题文化调研与市场调研两大部分。

文化调研即收集主题文化资源并进行设计元素的挖掘。我们在面对一个文创项目时，首先要做的事情就是将散布在各个渠道媒介的大量资料收集、整理，并系统进行梳理（见图 2–1）。有时候无从下手，就是因为本身对文化主题还不够了解。我们要图文并茂将外在的物质和内在的精神全部整合到文化资源库里，这将成为我们后期创意设计的源头活水。

图 2–1　文化调研思路

市场调研即在进行文创策划工作前，要对创业团队自身所处的行业、产品特征、市场环境等因素进行分析，明确行业变化趋势，结合自身优劣势寻求合理可行的文创设计方向。

备　注

### 一、文化资源的调研与收集

1. 到哪里收集？

（1）对相关书籍、历史文献、学术论文、影视作品等进行研究。

（2）进行实地探访。

（3）对相关领域的专家、学者、资深人士的访谈影像进行深入研究。

2. 从哪些层面收集？

器物文化：物质层面的文化，是人们在物质生活资料的生产实践过程中所创造的文化内容，如历史建筑、历史文物、红色文物、城市地标、建筑特色、城市交通、地域色彩、地理风貌、植物花卉、非遗作品、书法绘画、特色美食、家乡特产、特色服饰……

随堂笔记

行为文化：言行层面的文化，它反映在人与人之间的各种社会关系中，以及人的生活方式上，如民间手工艺、非遗技艺、地方方言、歌曲、舞蹈、传统习俗、生活方式……

观念文化：精神层面的文化，以价值观或者文化价值体系为中心，包括精神信念、文化理想，如历史事件、红色故事、历史名言、喜文化、福文化……

## 二、市场行情的调研与分析

保持对市场与行业的高度洞察力和敏感度，是每一个创业者必须具备的。世上从来不缺新奇有趣、让人眼前一亮的想法，很多人捕捉到了这些想法并进行了深入的用户调研，却依然失败了，为什么？很大一部分原因是，没有进行科学有效的市场调研与分析，做出了错误的商业预测。

1. 市场规模

市场规模主要关注文创主题项目的整体规模、增长率、竞争格局以及未来趋势，包括统计项目主题文创产品的总产值、销售量、市场份额等关键数据，以及分析市场是否处于增长期、稳定期或衰退期。

2. 消费品类

市场调研中的消费品类涉及项目主题文创产品的在售具体类型，如文具、服饰、家居、艺术品、数字文创产品等。调研应详细分析各类产品的市场接受度、消费者偏好、价格区间以及销售渠道。

3. 消费人群

消费人群主要包括目标市场的消费者年龄、性别、收入水平、教育背景、兴趣爱好等特征。调研人员需通过问卷调查、访谈等方式，了解消费者对文创产品的需求、购买意愿以及购买行为；同时，还需分析不同消费群体消费习惯、社交媒体，以便精准定位细分市场和制定营销策略。

4. 购买驱动

购买驱动是指影响消费者购买相应品类文创产品的关键因素，包括产品本身的吸引力（如精美性、趣味性、时尚性）、品牌形象、价格、促销活动等。调研人员应深入分析消费者购买文创产品的动机、期望和担忧。

5. 政策导向

市场调研中的政策导向主要关注政府及相关机构对文创产业的政策扶持、法规约束以及未来规划，包括税收优惠、资金支持、知识产权保护等方面的政策。调研人员应了解企业如何利用政策优势进行市场拓展和创新发展。

备　注

随堂笔记

## 拓展延伸

### 市场规模的预估方法

1. 顶层方法

从宏观经济数据或行业总数据入手，逐步细化至具体市场。计算步骤：

（1）获取总市场规模。

使用官方统计数据（如国家统计局、行业协会报告）了解行业整体收入或需求。

示例：如果零售行业年收入为 100 亿元，而你的市场是电商，则找出电商在零售行业的比例。

（2）确定目标市场的占比：分析市场的细分占比或关键影响因素。

示例：假设电商占零售行业总规模的 30%，则电商市场规模约为 100 亿元 ×30%=30 亿元。

（3）调整具体市场或产品范围：进一步分析特定行业 / 产品，过滤掉无关部分（如地域、用户特性）。

示例：你的电商产品只在北方销售，北方电商市场占比约 40%，最终市场规模为 30 亿元 ×40%=12 亿元。

顶层方法的优点是快速粗略估算市场规模；缺点是数据依赖性较强，可能对特定细分领域的精准度不足。

2. 底层方法

从具体需求单元（如用户、产品或销售点）开始，累加至整体市场。计算步骤：

（1）统计目标用户规模：确定潜在目标用户数量或单位数量。

示例：某地区有 500 万人可能使用智能音箱。

（2）估算单个用户 / 单位的平均消费：假设平均每人每年消费智能音箱 300 元。

数据来源：问卷调查、历史销售记录或行业分析。

（3）计算市场规模：市场规模 = 用户数量 × 平均消费水平。

示例：500 万人 ×300 元 / 人 =15 亿元。

底层方法的优点是分析具体，适合细分市场或新兴领域；缺点是需要细致的统计和市场调研，工作量大。

3. 增长模型法

根据行业趋势、历史数据和增长率预测市场规模。计算步骤：

备　注

（1）获取基准市场规模数据：找到最近几年的市场数据，了解当前规模。

（2）确定市场增长率：行业报告、市场调查或区域数据提供的年度复合增长率。

（3）计算未来规模：市场规模 = 当前规模 ×（1+ 增长率）$^{年数}$。

示例：2024 年智能家居市场规模为 50 亿元，年增长率为 5%，5 年后市场规模约为：50 亿元 ×（1+5%）$^5$≈64 亿元。

增长模型法的优点是适合动态增长领域；缺点是对于初始数据不明确的市场，预测准确性受限。

4. 容量方法

根据市场的实际需求和生产能力计算。计算步骤：

（1）统计行业总产能。

示例：家具生产行业能生产 100 万件家具 / 年。

（2）结合需求侧数据：了解潜在消费者的需求总量或购买意愿比例。

（3）计算市场规模：市场规模 = 市场需求 × 平均产品价格。

适用场景：制造行业或服务类市场。

5. 客户链条法

对整个行业价值链进行分析，量化市场参与者的各层级价值贡献。步骤示例：

（1）从产业链的初级生产者到消费者，拆解市场链条，如农产品产业链：农民种植 > 批发商分销 > 零售商销售 > 消费者购买。

（2）为每一环节计算总值并叠加：批发市场规模为 50 亿元，零售市场规模为 100 亿元，则总规模为 100 亿元。

数据来源：政府统计报告（如统计年鉴、行业报告）；行业咨询机构研究（如麦肯锡、埃森哲）；市场调查数据或一手调研结果。

数据调整：

注意市场饱和度、竞争对手状况以及季节性波动因素。

运用这些方法，能更加灵活地评估市场规模，并结合数据调研修正预测，获得更贴近实际的结论。

## 三、文化主题的选定与元素挖掘

在对项目主题文化资源及市场行情做完详尽的调研与信息收集分析之后，随即要展开的工作即是梳理收集不同层面文化资源，结合市场调研数据，选择其中市场可行性较强的文化资源，对其进行详尽的深度调研分析；利用思

备　注

随堂笔记

维导图、头脑风暴等工具，开展项目研讨，确定使用的具体文化资源与文化元素，以及初创的意向文化消费品类，寻找文创产品策划的理想创意方案。其核心在于寻找独特文化资源、充分提炼文化元素、利用特有条件。

1. 文化主题选择的原则与方法

文化主题选择是文创设计的第一步，它不仅决定了设计的方向，也影响后续设计元素的挖掘和表达。文化主题的选择直接关系到后续文创产品开发及实际销售，好的文化主题的选择可以起到事半功倍的作用。以下是选择文化主题的几个关键原则。

（1）文化的本土性与独特性。

选择的文化主题应当具有地方性特色，能够突出地域文化的独特性。例如，在中国，传统节日相关的文化元素是比较宽泛的，而选择具有地方特色的传统节日作为主题，能够让产品在市场中形成独特的文化辨识度。

（2）时代感与现代性。

文创设计不仅要继承传统文化，还应考虑时代的变化和受众的现代需求。例如，在选择文化主题时，应当提前预估文化主题开展现代转化的可行性，及其经过创新能否适应当前消费者的审美需求和功能需求。

（3）受众的文化认同感。

设计的文化主题应当与目标受众的文化背景和认同感相契合。假如事先既定了针对的目标用户，则需通过深入了解受众的文化偏好、审美倾向和消费心理，判断文化主题与目标用户间的适配性。

（4）创新性与多样性。

在文创设计中，创新性尤为重要。设计师需要通过跨界的思维方式，突破传统文化的束缚，将不同文化元素进行融合，从而创造出既有深度又具现代感的作品。

2. 文化元素的挖掘方法

一旦确定了文化主题，接下来的重要任务就是挖掘相应的文化元素。这些元素是设计的核心，直接决定了文创产品的文化内涵和视觉冲击力。常见的文化元素挖掘方法包括以下几种。

（1）文献与历史研究。

方法概述：通过对历史文献、典籍、传统艺术形式以及民俗风情的研究，系统地理解和提取文化中蕴含的象征意义和视觉符号。

（2）艺术与手工艺品的分析。

方法概述：通过对传统艺术作品和手工艺品的分析，直观地获取文化元

备 注

随堂笔记

素，如图案、工艺、材质、形状等，进而将其转化为设计素材。

（3）文化遗产与非物质文化遗产。

方法概述：文化遗产和非物质文化遗产是一个地区历史文化的重要承载体，它们为文创设计提供了丰富的素材来源，特别是那些具有代表性的文化元素和技艺。

（4）现代科技与创意工具的运用。

方法概述：现代科技特别是数字化技术的运用，能帮助设计师高效地挖掘和呈现文化元素。3D 建模、虚拟现实（VR）、增强现实（AR）等技术，为传统文化的再现和创新提供了新的方法。

（5）社区合作与民间传承。

方法概述：与地方社区或民间艺术家合作，是一种直接且有效的文化元素挖掘方式。许多民间艺术和技艺往往口耳相传，具有很强的地方特色。

## 拓展延伸

**文化是文创切入点，创意是文创开发的关键**

文化只是做文创的切入点，创意才是成为爆品的倚仗。

文创确实需要挖掘文化，但很多时候文创能否成为爆品，不在文化的深度，而在文化的表现形式，也就是创意。现在的文创消费者，需要的是一戳即中的价值点，而不是文化的说教。文化挖太深会形成信息高墙，信息高墙一旦出现，情绪共鸣链条太长，就会影响购买决策，更不利于转化成消费。

元素挖掘工具：

1. 思维导图

思维导图是一种图形化的组织思维和表达想法的工具。它使用一个中心主题或概念作为起点，然后从这个中心主题向四周放射出分支，每个分支代表与中心主题相关的子主题或细节。这种结构不仅有助于清晰地展示信息之间的关系，还能激发大脑的联想和创造力。

以下是思维导图的一些关键要素和构建步骤：

（1）关键要素。

中心主题：思维导图的核心，通常是一个词、短语或图像，代表你想要探讨或表达的主要概念。

分支：从中心主题延伸出来的线条，代表与中心主题相关的子主题或详细信息。分支可以进一步细分为更小的分支，以展示更深层次的信息。

关键词：位于分支上的简短词汇或短语，用于概括该分支所代表的内容。

备 注

随堂笔记

连接线：连接中心主题和分支，以及分支之间的线条。它们能够帮助读者理解各个部分之间的关系。

颜色和图像：思维导图通常使用颜色和图像来增强视觉效果，使信息更加生动和易于理解。

（2）构建步骤。

确定中心主题：明确你想要探讨或表达的主要概念，并将其作为思维导图的中心。

列出子主题：思考与中心主题相关的子主题或详细信息，并将它们作为分支从中心主题延伸出来。

添加关键词：在每个分支上添加简短的词汇或短语，以概括该分支所代表的内容。

使用颜色和图像：为了增强视觉效果，可以使用不同的颜色和图像来代表不同的分支或关键词。

细化信息：根据需要，可以进一步细化每个分支上的信息，添加更多的子分支和关键词。

检查和调整：检查思维导图的结构和内容，确保它们清晰、准确且易于理解。如果需要，可以进行适当的调整。

思维导图在教育、商业、个人发展等领域都有广泛的应用。它可以帮助人们更好地组织信息、提高记忆力、激发创造力，并促进团队合作和沟通。使用思维导图软件或手绘工具，可以轻松地创建和编辑自己的思维导图。

2. 头脑风暴

头脑风暴是一种常用的创造性思维方法，它鼓励团队成员在自由、无拘无束的环境中提出各种新想法、新概念或解决问题的方案。这种方法的核心是激发集体智慧，通过团队成员之间的思想碰撞，产生出更多元化、创新性的思考结果。

以下是头脑风暴的基本步骤和要点：

明确目标：明确头脑风暴的目标和主题，这有助于团队成员集中注意力，确保讨论的内容与主题紧密相关。

组建团队：选择具有不同背景、专业知识和思维方式的人组成团队。多元化的团队能够提供更广泛的视角和创意。

设定规则：在头脑风暴过程中，需要设定一些基本规则，如鼓励所有成员积极参与、不允许批评或否定他人的想法（至少在初步阶段）、所有想法都值得记录和考虑等。这些规则有助于创造一个开放、包容的讨论环境。

备　注

随堂笔记

自由讨论：在设定好规则后，团队成员可以开始自由讨论。每个人都可以提出自己的想法，无论这些想法看起来多么不切实际或新颖。这个阶段的目标是，尽可能收集各种想法和创意。

记录和整理：在讨论过程中，需要有专人负责记录和整理所有提出的想法。这有助于后续对想法进行评估和筛选。

评估和筛选：在收集到足够多的想法后，团队成员可以一起对这些想法进行评估和筛选。这个阶段可以引入一些评估标准，如可行性、创新性、潜在价值等。对想法进行评估，可以筛选出最有潜力的想法进行进一步开发和实施。

实施和反馈：对于选定的想法，可以制订实施计划并进行测试。在实施过程中，需要密切关注实际效果，并根据需要进行调整，同时要及时收集反馈，以便对后续的头脑风暴活动进行改进。

头脑风暴的优点在于，能够激发团队成员的创造力和想象力，促进不同思维方式的融合和交流。然而，也需要注意避免一些常见的问题，如过度依赖某个成员的想法、忽视不切实际的想法等。通过合理引导和有效管理，头脑风暴可以成为推动创新和改进的重要工具。

## 案例剖析

### 以“兰州石化职业技术大学”为主题的文化元素挖掘与创意

1. 文化资源调研与收集

兰州石化职业技术大学作为一所以石化专业为特色的高等院校，具有强烈的行业背景和地方文化特色。学校位于甘肃省兰州市，历史悠久，与石油化工行业有着深厚的渊源，因此，学校文化可以从以下几个维度来进行文化元素的挖掘和创意设计。

（1）学校历史与发展。

学校的历史沿革、校徽、校歌、校训等，是文化元素的源泉。兰州石化职业技术大学自成立以来，历经发展，逐渐形成了鲜明的办学特色与文化积淀。例如，校训可以转化为鼓励学生努力拼搏、追求卓越的设计语言。

（2）地域特色。

兰州是丝绸之路的重要节点，具有丰富的历史文化遗产。甘肃的黄土高原地貌、黄河文化以及甘肃特有的民俗风情，均可以成为文化元素的来源。

（3）石化行业的文化符号。

石化行业本身具有独特的文化象征和工艺特点，原油、化学元素、炼油

备　注

随堂笔记

厂的工艺设备等都可以成为文化创意元素挖掘的源泉。

2. 主题文化元素挖掘

（1）校史与校徽、校歌。通过对学校历史文献、校徽、校歌等内容的研究，可以提取出具有象征意义的文化元素。

校徽：校徽的图形设计和色彩可以作为创意元素的基础。分析其中的图形构成和色彩象征，可以将这些视觉元素应用到文创设计中。

校歌与校训：校歌的歌词中包含的精神追求和校训的核心价值，可以转化为具有启发性的设计语言，并可通过字体设计或象征性图形来传达。

（2）校园建筑。学校体育馆、校门等有其独特的建筑风格，可以成为文创设计的灵感源泉。可以将校园建筑元素进行提取和简化，形成具有辨识度的图案或符号。例如，将学校主体建筑绘制成简约线稿图案，应用到校园文创产品上，如文具、服饰、纪念品等，让学校独特的品牌形象得到广泛传播。

兰州石化职业技术大学文创主题思维导图如图 2-2 所示。

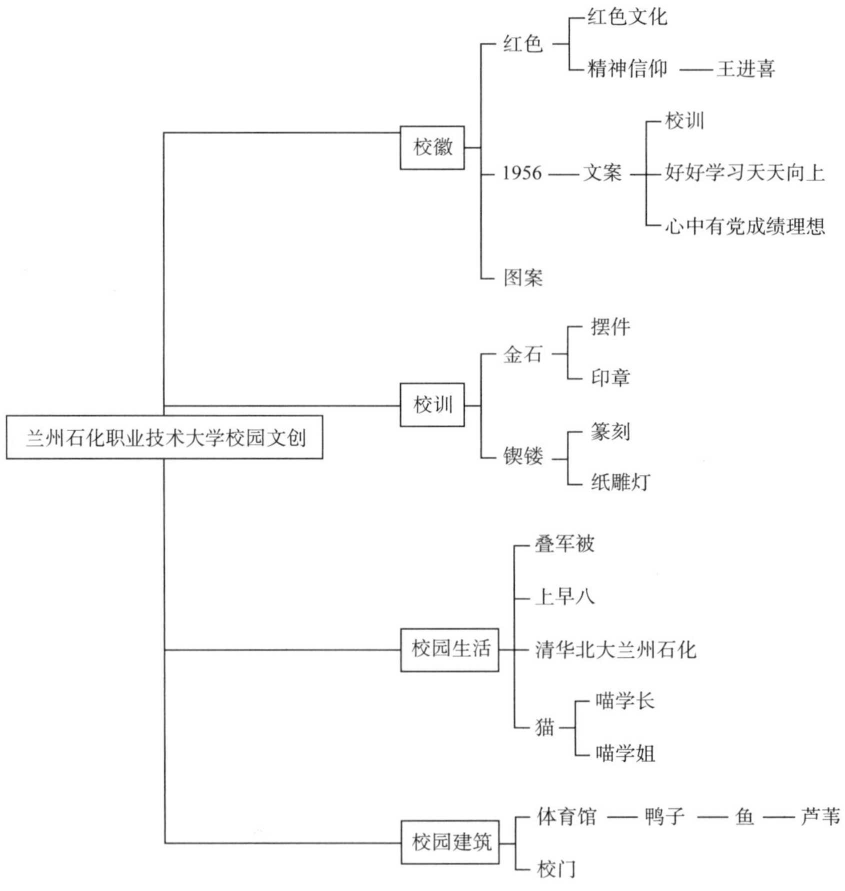


图 2-2　校园文创主题思维导图（图片来源于学生绘制）

备　注

随堂笔记

（3）校园生活。学校是知识的殿堂，一个激发梦想与潜能的圣地。在这里，我们不仅可以将"心中有党，成绩理想"的励志学习理念作为熠熠生辉的文化元素，更可以将那些流传于校园、满载着学子心声与自我激励的独特口号，如"清华北大，兰州石化"，作为后续设计的文化元素。这句口号虽带有一丝自嘲，却饱含着学子们不畏艰难、勇于追梦的坚韧精神。它讲述的是一个关于梦想与现实的故事：即便起点不尽相同，但通过不懈努力，每个人都能在属于自己的舞台上绽放光芒，无论是顶尖学府还是平凡校园，都能孕育出非凡的人才与成就。

而谈及情感连接，那些幽默诙谐却直击心灵的语言元素，如"告别困倦，畅享无痛早八"，更是校园生活中不可或缺的调味剂。它们源自学生日常的真实体验，用轻松幽默的方式诉说着早起上课的艰辛与乐趣，让每一个早起奋斗的身影都显得不那么孤单。这句口号背后，是学子们面对挑战时的乐观态度，以及对大学生活独特节奏的自我调侃与接纳。它提醒我们，在追求梦想的道路上保持一颗乐观向上的心，即便是最平凡的日常，也能成为通往成功的基石。

（4）石化行业的特色元素。

作为石化职业技术大学，学校有着深厚的与石油化工产业相关的背景。

炼油与石化设备的元素：对炼油厂设备、石化管道、化学分子结构等元素的抽象和艺术化处理，能够打造出独特的视觉符号，如油滴形态、化学反应的图形等。

化学元素与反应图示：石化行业中的化学元素和反应过程，如石油的化学结构、石化反应方程式等，可以转换成图形符号、图案、颜色的设计元素，体现出学校的专业特色。

3. 文化元素的设计构思

结合上述文化元素的挖掘，以下是经过团队头脑风暴产生的几种可以将文化元素创意应用于文创产品设计的方式：

校徽元素的饰品：基于学校校徽的图形和色彩设计，融合学校的喵学长喵学姐元素，创作精美的饰品（如胸针、项链、手环等），使其成为校园文化的象征，如图 2-3（a）所示。

校园建筑的图案设计：设计一系列以校园建筑为主题的饰品、文具、明信片等，如图 2-3（b）所示。

备 注

随堂笔记

4. 最终设计效果展示

（a）校徽元素的饰品　　（b）校园建筑的图案设计

图 2-3 “兰州石化职业技术大学”校园帆布包设计效果（图片来源于课堂学生制作）

## 任务实施

1. 文化主题项目调研与元素挖掘

文化创意设计中的主题项目调研与元素挖掘是文创产品设计的关键步骤。通过对目标文化内容、受众生活方式、受众需求、市场现状等方面的深入调研，提炼出有价值的设计元素。这一过程不仅能够确保设计的文化价值和市场适应性，也能为产品的创新性和艺术性提供丰富的资源。

（1）项目目标与任务概述。

通过对目标文化内容的全面调研，团队需要从中挖掘出具有文化价值和市场潜力的设计元素。最终，需要根据调研与挖掘的结果，提出一个基于该文化元素的文创产品创意，并简要阐述产品的设计理念和市场定位。

（2）实训任务流程。

①第一阶段：项目立项与目标确认。

任务要求：确定文创产品设计的主题（具体依托的文化主题内容）；了解该文化的特点、内涵和受众群体，明确文创产品的目标和市场定位。

步骤：

确定项目主题：选择一个具体文化主体作为调研主题（如某地某项传统手工艺、某地的某处红色文化建筑等）。

设定目标：明确产品类型（如家居用品、纪念品、时尚配饰等）以及设计方向。

备　注

②第二阶段：文化背景调研。

任务要求：收集与所选文化相关的资料，包括文化发展脉络、文化元素内容、文化符号等，可从文化主题相关器物、行为、观念等角度入手；对比不同文化元素，分析其具有高度辨识性的视觉符号、象征意义。

步骤：

文献调研：查阅与所选文化背景相关的书籍、文章、研究论文、报告等，了解文化的核心内容。

实地调研（如条件允许）：参观相关的历史遗址、博物馆、艺术馆、文化场所等，进行现场调研，收集与文化元素相关的物品、图案、传统工艺、民俗等。

访谈与咨询：与文化专家、学者、当地居民、工艺师等进行交流，深入挖掘与文化相关的非物质元素和情感因素。

线上资源查找：通过网络平台、社交媒体、数据库等渠道，查找与文化相关的现代设计作品、文创产品、艺术作品等，获取市场上的现有设计趋势和灵感。

③第三阶段：文化元素挖掘与提炼。

任务要求：从调研结果中提取具有代表性的文化元素，包括视觉符号、形态、色彩、故事、情感、象征性物品等；挖掘能够与现代设计语言结合的元素，形成独特的创意灵感。

步骤：

元素筛选：根据调研中获得的资料，筛选出与设计主题高度相关的元素，如特定的图案、纹理、形态、颜色、符号、故事情节等。

文化符号的转化：将调研中的文化符号、民间传说、历史人物等元素，结合现代设计理念和消费者需求，形成具有市场吸引力和艺术价值的创意。

情感与故事元素的挖掘：了解该文化背后的情感价值和精神内涵，挖掘其中能够激发共鸣的故事、象征意义和情感因素，并将这些元素转化为文创产品的核心亮点。

④第四阶段：创意产品设计构思。

任务要求：根据挖掘出的文化元素，提出文创产品的设计构思，并简要阐述其市场定位、设计理念和文化内涵；设计产品的基本功能和外观，结合文化元素和现代审美，确保产品的创新性与实用性。

步骤：

设计构思：根据文化元素的提炼结果，提出文创产品的设计构思。例如，假设调研主题为“地方传统工艺”，可以设计一款结合地方特色元素的陶瓷产品或饰品。

备 注

功能与形式的结合：确定产品的功能性需求（如实用性、可收藏性等）与形式美学（如外观、形态、色彩搭配等），确保两者的统一。

注：可在模块一文化创意创业初步想法的基础上，围绕文化主题开展文化调研及市场调研，通过与教师的研讨沟通，选择拟定使用的文化元素和消费品类，并制订详细的策划方案。

| | |
|---|---|
| 文化主题 | |
| 文化调研 | 相关器物：<br><br>相关行为：<br><br>相关概念： |
| 市场调研 | 相关政策导向：<br><br>预估市场规模：<br><br>主要消费品类：<br><br>消费群体特征：<br><br>购买驱动因素： |
| 项目研讨 | 意向的使用文化符号：<br><br>意向的初创消费品类： |
| 设计构思 | 我们的设计构思是： |

随堂笔记

备　注

随堂笔记

## 任务 2　竞品调研与分析

### 任务知识

在团队通过初期文化调研与市场调研，选定文化主题元素与消费品类之后，随即需要展开的工作即竞品调研与分析。竞品调研能为文创设计提供信息参照，分析竞品创意及其优劣势，不仅可以为自身设计提供思路与参考，提升产品品质，同时也能让设计师更好地发现设计差异与市场机会。

### 一、明确目标（为竞品分析设定目标）

竞品分析的第一步是确定分析的目标和方向，让竞品分析的方向和焦点符合公司或团队的战略需求。

1. 竞品分析目的

（1）决策支持：通过分析竞争对手，为公司提供决策依据，帮助公司制定或调整策略。

（2）学习借鉴：从竞争对手的成功经验或者失败教训中获取洞察，学习优化自己的产品或者服务。

（3）市场预警：通过持续监测竞争对手的动态，提前感知市场变化，同时做好应对准备。

2. 需要思考详细问题

（1）为哪些产品做竞品分析?

确定分析的具体产品，决定了竞品分析的资料收集方向。

（2）该产品目前处于哪个阶段?

了解该产品处于生命周期的哪个阶段，以便调整分析的重点。

（3）当前产品面临的主要问题与挑战是什么?

明确该产品的问题和挑战，可以帮助我们明确分析的侧重点。

（4）做竞品分析的目的和目标分别是什么?

明确好通过竞品分析所要达到的具体成果，是寻找借鉴参照，还是验证市场机会。

（5）竞品分析的输出结果是什么?

预设期望通过竞品分析最终输出的结果，让分析能够最终形成答案，并进行结果呈现。

备　注

随堂笔记

## 二、选择竞品（确定分析对象）

确定哪些产品作为竞品进行分析，这个步骤是竞品分析的基础。

（1）直接竞品：为用户提供相同需求或者服务的竞争产品（一般是市场上的主要对手）。

（2）间接竞品：虽然在产品形式上不同，但目标用户群类似，属于同一品类。

（3）替代品：可以替代自家产品满足同样用户需求的产品（一般来源于不同的市场领域）。

（4）参照品：不一定有直接的竞争关系，但其创新或成功是值得学习借鉴的。

## 三、分析维度（从多个角度分析竞品）

确定分析的具体维度，可以从产品视角和用户视角两方面出发。

1. 产品视角

①功能：产品的核心功能和附加功能。

②用户体验：用户使用产品时的体验和反馈。

③团队背景：产品背后的开发和运营团队。

④技术工艺：产品采用的技术和技术优势。

⑤市场推广：产品的市场定位和推广策略。

⑥战略定位：产品在市场上的定位。

⑦用户情况：目标用户的特性和行为。

⑧盈利模式：产品的商业模式、收入来源和盈利能力。

2. 用户视角

价格、可获得性、包装、性能、易用性、保险性、生命周期成本、社会接受程度等因素，都会直接影响用户的购买决策和满意度。

## 四、收集信息（详细信息获取方式）

信息的收集是竞品分析中的实操环节，涉及多个渠道。

（1）团队背景：通过官方网站、社交媒体、媒体报告、CEO 访谈等了解团队的构成和背景。

（2）战略定位：通过产品发布会、高管的公开讲话、媒体报道和公司财务报告来分析了解公司的战略方向。

备　注

随堂笔记

（3）产品对比：产品的实际体验，查看第三方评测、官网资料、用户论坛、客服反馈等，获取产品的详细信息和用户反馈。

（4）用户情况：通过官方数据、论坛、社交媒体、用户群体的访谈和调查问卷等方式了解用户的真实反馈和需求。

（5）盈利模式：研究公司的财报、财报解读材料、高管讲话等分析盈利能力和模式。

（6）市场推广：关注公司的广告、推广活动、社交媒体动态、合作伙伴以及销售策略。

## 五、整理分析（分析方法与工具）

通过结构化的方法对收集的信息进行分析，找出竞品优势和劣势。

（1）比较法：通过横向比较法，找出竞品优劣势，如打钩比较法（检查表法）、评分比较法和描述比较法。

（2）矩阵分析法：了解市场划分、产品定位，竞争优势等，以二维矩阵的方式分析自己产品与竞品的定位、特色或优势。

（3）竞品跟踪法：对竞品的历史版本进行详细跟踪记录，找到竞品各版本的发展规律，从而预测竞品的未来发展趋势。

（4）功能拆解：深入分析竞品的功能层级，以便全面理解其产品结构，比如把竞品分解成一级功能、二级功能、三级功能甚至四级功能。

（5）探索需求：使用 5Why 分析法深挖用户需求的根本原因。

（6）PEST 分析：从政治、经济、社会和技术四个维度来评估外部环境对产品的影响。

（7）波特五力模型：分析行业内的竞争力度，包括现有竞争者、潜在进入者、替代品、供应商和购买者的议价能力。

（8）SWOT 分析：从优势、劣势、机会和威胁四个维度来分析产品和市场状态。

## 六、总结报告（分析结果的应用）

多个产品都采纳的问题通用解决方案，效果容易比较，少采用的方案是产品的创新，效果没有被证实。竞品分析要为产品服务，它是以价值为驱动，总结出对产品有价值的结论，并输出一份靠谱的竞品分析报告。

备 注

随堂笔记

备 注

## 拓展阅读

市场分析与行业洞察侧重点有所不同，市场分析侧重消费者所处的消费环境分析，一般采用 PEST 分析模型；行业洞察侧重观察同类企业、同类产品，一般采用波特五力模型、竞品分析等。

1. 市场分析之 PEST 分析模型

PEST 分析模型是从政治（Politics）、经济（Economic）、社会（Society）、技术（Technology）四个方面，基于企业战略眼光来分析企业市场环境的一种方法。PEST 分析模型能够使企业较好地把控市场环境现状及发展趋势，有利于企业对生存发展的机会加以利用，对环境可能带来的威胁及早发现并避免。

（1）政治环境。政治环境是指一个国家或地区的政治制度、体制、方针政策、法律法规等方面。这些因素常常影响企业的经营行为，尤其是对企业的长期投资行为有较大影响。比如煤炭行业和旅游业，国家为发展新能源、改善环境，正在大力支持旅游业发展，推动新农村建设，并对煤炭行业加大监管力度，对不符合法律规定的煤炭企业进行处罚。

（2）经济环境。经济环境是指企业在制定战略的过程中须考虑的国内外经济条件、宏观经济政策、经济发展水平、行业总体容量及增长率等多种因素。重要监视的关键经济变量有财政货币政策、失业率水平、居民可支配收入水平、汇率、通货膨胀率等。

（3）社会环境。社会环境是指企业或产品所在社会成员的民族特征、文化传统、价值观念宗教信仰、教育水平以及风俗习惯等因素。比如，某国居民对于外国产品和服务的态度如何？该国性别角色差异如何？语言障碍是否会影响产品的市场推广？

（4）技术环境。技术环境是指企业或产品业务所涉及国家和地区的技术水平、技术政策、新产品开发能力以及技术发展的动态等，比如：现有技术水平能否支撑企业开发这款产品？现有技术水平能否降低产品和服务的成本并提高质量？

### ◆ 案例 1：泡泡玛特 ◆

政治环境：泡泡玛特成立于北京，上市于香港，主要业务和生产资料位于中国，所处国家政治环境稳定，并且符合文化强国战略的国潮文化，渐渐为人们所接受喜爱。

随堂笔记

经济环境：进入21世纪20年代，在新时代中国特色社会主义市场经济体制下，国内经济平稳增长，对于有强烈扩张意愿的新兴企业，有较为理想的经济宏观环境。中国是世界上最大的发展中国家，给予了泡泡玛特潜力巨大和充分扩张的肥沃经济土壤。

社会环境：中国具有14亿人口，潜在消费市场极大。根据马斯洛需求层次理论，中国已经实现了全面小康，越来越多的人开始追求精神上的满足，具有鲜明特色的商品和文化载体在消费市场上越发受到欢迎。越来越多的人购买国潮，95后开始成为年轻消费者的主力军，他们普遍具有追求刺激的心理，喜欢盲盒所带来的刺激。

技术环境：如今，线下店铺的设备越来越完备，随着互联网技术的更新与AI技术的支持，还出现了线上销售与机器人店铺，大大减少了销售成本。制造一个盲盒所需要的时间与材料，相比之前大大减少，泡泡玛特公司对盲盒等产品外观设计和品控十分依赖。

### ◆ 案例2：蜜雪冰城 ◆

政治环境:《食品工业“十二五”发展规划》中对品牌建设的重要性给予高度肯定，要求企业进一步加强食品自主品牌建设，通过更为切实有效的方式、方法支持优势品牌企业的创新发展。

经济环境:2021年我国总人口为14.13亿，我国GDP总和为117.38万亿元，人均GDP为8.31万元，GDP总和位居全球第二。中国庞大的人口基数以及稳步发展的经济状况，收入背后的消费能力与购买力的显著提升，为行业发展提供保障。

社会环境:2021年我国恩格尔系数为29.8%，居民服务性消费总支出出现了一定程度的回暖，人均饮食服务增长了38个百分点。随着移动互联网的普及，线上消费能够突破时空限制，通过网络下单，在美团或饿了么点饮品；还喜欢追随一些营销风向，比如“秋天的第一杯奶茶”。

技术环境：大量现代化设备在现制茶饮中的应用，高压蒸汽处理、萃茶冷萃等新技术的出现，为新式茶饮行业的持续发展奠定了技术基础。信息技术的进步、新兴媒体和自有媒体的持续发展，让消费者可以更多地利用互联网+来进行消费。

2. 市场分析之波特五力模型

波特五力模型是企业制定竞争战略时经常利用的战略分析工具，任何产业的竞争规律都会体现在波特五力模型的五种竞争作用力上。波特五力模型

备 注

随堂笔记

是将大量不同的因素汇集在一个简便的模型中，以此分析一个行业的基本竞争态势。五种力量模型确定了竞争的五种主要来源，即供应商的讨价还价能力、购买者的讨价还价能力、潜在进入者的威胁、替代品的威胁、来自同一行业的公司间的竞争。

供应商的议价能力：蜜雪冰城的供应商主要分为原材料供应商与设备供应商。原材料供应商主要负责供应基底饮品和液体配料，设备供应商主要负责供应制冰机、封口机、冰激凌机等制作其产品所必需的机器。由于茶饮品和冰激凌的主要原料的保质期较短，蜜雪冰城对原材料的物流运输能力有着较高要求。当前，蜜雪冰城已经形成了一条完整的产业链，蜜雪冰城在各地设有工厂和仓储物流，原材料可以直接运送到加盟店中自建工厂、仓储物流中心等，产业体系日渐完善，从而将蜜雪冰城的成本压缩到极致，这保证了它的极致性价比。此外，大量密集开店也形成了规模优势，强大的议价能力使原材料成本进一步降低。通过与供应商建立牢固的合作关系，形成完整的供应链条，蜜雪冰城在产业链中有着较强的议价能力。

购买者的议价能力：当前，蜜雪冰城在我国现制茶饮行业中占据着重要地位，尤其是在低端市场中，蜜雪冰城以加盟的形式快速扩张，门店数量已突破 1 万家，几乎做到了一骑绝尘，实现了断层领先，在低端市场占有率超 30%。蜜雪冰城主要瞄准的是二线、三线、四线城市，乡镇与县城的市场，其产品价格基本都在 10 元以下，目标群体也都是消费能力较低的人群，他们对饮品的口感、品质等方面的关注较弱，而他们更加关心产品的价格，追求低价格，关注性价比。由于在现制茶饮品的低端市场中蜜雪冰城已经处于遥遥领先的地位，短时间内难以找到旗鼓相当的竞争者，在市场中的话语权较强，导致其作为商家对顾客的影响力较大，顾客的讨价还价能力较弱。

备 注

新进入者的威胁：由于现制茶饮市场进入壁垒低，产品的可复制性较强，大部分单店盈利模型优异。未来，随着各大零售业态的饱和，将会有更多的饮料、炸串等其他行业商家进入现制餐饮行业来争夺市场。当前，虽然现制茶饮中端市场的大众接受度最高，但也导致中端茶饮赛道的商家众多、品牌卡位激烈、新品牌迭代更新。部分中高端市场的茶饮品牌开始进军下沉市场，大有与蜜雪冰城争夺低端市场的势头。高端品牌向下延伸是相对比较容易的，大众品牌向上突破则是有相当大的难度的。当前，蜜雪冰城的涨价空间较小，要想冲击中高端市场，是需要一定的时间和能力的，短期内很难实现；蜜雪冰城属于中质低价，从中质低价到高质平价也需要一个过程。面对新进入者的威胁，蜜雪冰城必须做好充分的准备。

随堂笔记

替代品的威胁：在现制饮品低端市场中，蜜雪冰城虽然已经处于有利位置，但是随着我国经济向高质量方向发展，人们收入不断增加，生活水平持续提高，我国消费者逐渐开始追求茶饮、食品的品质，对于价格的重视则略显下降。未来，随着城镇化水平的提高、消费需求的升级、消费心理的转变，会有更多的消费者将目光转向中高端市场，从而导致低端市场的规模不断缩小。那时，中高端市场如CoCo都可、书亦烧仙草、喜茶、奈雪的茶等都会成为蜜雪冰城的替代品。由于中高端市场品牌的茶饮产品的品质、口感、包装等较蜜雪冰城都具有较为明显的优势，未来会对蜜雪冰城造成一定的影响。由于蜜雪冰城的现制茶饮产品的单价较低，与成品饮料产生了竞争，而成品饮料由于无须制作、口味多样、价格便宜等特点也成为蜜雪冰城现制饮品的替代品。可乐、雪碧、成品红茶、成品奶茶等价格更加低廉，并且在全国范围内的大中小超市中都有出售，导致成品饮料的受众范围更广。在生活节奏不断加快的今天，减少购买的等待时间成为部分消费者所重点关注的方面，在低端现制茶饮领域，蜜雪冰城存在被成品饮料替代的可能性。

现有竞争者的威胁：目前，我国现制茶饮低端市场竞争较为激烈，占行业份额较大的商家主要是蜜雪冰城、甜啦啦、益禾堂，其中，蜜雪冰城占细分市场份额超过30%。蜜雪冰城全国门店数量超过2万家，覆盖31个省（区、市）并正在积极开拓海外市场，在市场份额和覆盖范围方面都具有较为明显的优势。在当前我国现制茶饮低端市场中，蜜雪冰城的竞争优势明显，现有竞争者的威胁较小。通过对蜜雪冰城的行业竞争环境的分析可以发现，蜜雪冰城与其供应商已经建立起了紧密的合作关系，形成了一条完整的产业链，在产业体系中有较强的话语权，受供应商和顾客的议价影响小。在细分领域，蜜雪冰城发展迅速，已经形成了一定的优势，现存竞争者对其威胁较弱。除了自身存在的一些问题以外，在行业中，蜜雪冰城现有的威胁主要来自潜在进入者以及替代品。

备 注

## 任务实施

竞品分析是文创设计过程中非常重要的一个环节，它有助于了解市场上已有产品的优缺点，为新产品的设计与创新提供参考。通过竞品分析，设计团队可以识别市场趋势、用户需求、潜在的机会与威胁，从而更好地修正设计构思、产品定位和创新方向。

目标：通过对同类文创产品的竞品分析，帮助团队了解市场上相关文创产品的设计趋势，提供借鉴参照，发掘潜在的创新机会，从而优化设计方案。

随堂笔记

任务：以小组确立的设计构思及文化主题为中心，进行市场上的相关或同类竞品分析，比较竞品的设计特点、优缺点，提出设计优化思路或新产品创意。

参考案例：新国潮彩妆品类竞品分析报告

## 一、分析目的

通过竞品分析，总结“国潮＋彩妆品类”成功品牌的发展模式，探讨美妆市场未来发展趋势，借鉴竞品的经营模式及产品研发思路，寻找团队“文化创意＋彩妆品类”美妆品牌发展的机会和突破口。

## 二、市场规模

随着消费升级和人均美妆消费水平的日益提高，中国美妆市场持续快速发展，2025 年预计市场规模 109 亿元。

## 三、产品分析

品牌 1：XX 子

产品定价：均价 140 元

对标市场：中端市场

产品理念：东方彩妆，以花养妆

产品矩阵：唇妆、定妆、卸妆、美妆工具、眼妆、腮红

<table>
<tr><th>产品详情</th><th>优势</th><th>机会</th><th>综合分析</th></tr>
<tr><td rowspan="3">产品名称<br>产品图片<br>产品价格</td><td>竞品的优点及特色所在，如何凸显产品的独特优势</td><td rowspan="3">通过竞品分析，你的产品是否有机会，有哪些机会？</td><td rowspan="3">竞品采取的市场策略、产品设计特点、销售情况</td></tr>
<tr><td>不足</td></tr>
<tr><td>竞品的不足及缺点，可以优化完善的创新点有哪些？</td></tr>
</table>

总结陈述：以东方美学为产品卖点，包装设计精美，凸显东方特色，打造高颜值的化妆品；通过国风潮流来提高产品溢价。

## 四、用户画像

年龄分布：集中于 20~39 岁年龄段。

地域分布：集中于华东华南地区，浙江关注度显著，其余地区受众群体广泛。

备　注

性别比例：女性关注度更高（50%），但是男性关注度也不可忽视（40%）。

兴趣爱好：集中于影音音乐资讯、教育培训。

总结陈述：受众群体集中于东部沿海一带，女性关注度较高，但是男士群体也不容忽视。从兴趣爱好来看，受众群体主要为“Z 世代”的年轻人，以学生和年轻白领为主。

## 五、盈利模式及生产模式

1. 盈利模式

直接与消费者联系的模式。去除了中间商这一环节，通过各种渠道直接触达消费者，与消费者进行大量互动，获取一手数据，对消费者的需求能够迅速反应，从而快速改善产品，赢得消费者的口碑。

2. 生产模式

工厂根据美妆公司的规格要求来设计和生产产品，因此工厂会有自己研发的技术和设计，甚至是成型的产品。比如，你想要一种大地色的延展度高、粉质细腻的眼影盘，告诉工厂要求，工厂就会自主设计，成品做完后交给公司验收。

## 六、渠道分析

线上线下渠道展开论述。

## 七、营销策略

平台投放：从线上进入市场，在小红书、抖音、B 站注册账号，抓住直播热潮，通过与知名网红直播合作，采取“网红带头安利 + 明星安利 /KOL 种草 + 顾客 UGC 社区安利”模式。

联名活动：多与含有国风、古风的达人，明星、行业合作，符合品牌调性，突出产古韵品特色。

总结陈述：重线上渠道，轻线下渠道，以电商起家，销售渠道以线上为主；采用星形渠道营销策略，以一个核心渠道为主，多渠道共同运营；基于金字塔结构的艺人、KOL 选择，多与符合品牌形象的、大众好感度高的“腰部艺人”、KOL 合作，在增加话题度的同时收割粉丝、提高销量；多元化联名，以年轻人的兴趣点为切入口，扩大营销面；通过单一爆品迅速占领市场，进而快速上新，以量取胜，增加其他产品成为爆品的概率。

备 注

随堂笔记

## 八、SWOT 分析

1. S 优势

（1）产品有鲜明的东方特色，具有记忆点，符合时下国风潮流，受到年轻人的喜爱；

（2）产品包装设计精美，颜值高；

（3）受众产品广泛，不仅散粉出圈，眼妆和唇妆也大受欢迎；

（4）有良好的公域流量和私域流量管理；

（5）已经拥有一大批忠实消费者；

（6）在海外也拥有较高的人气，海外市场广阔。

2. W 劣势

（1）只在线上渠道销售，渠道策略单一；

（2）国货产品通病，研发投入少，国潮高溢价，但是品控跟不上；

（3）产品细分类下存货单位较少，可供消费者选择少。

3. O 机会

（1）国内日益增长的美妆需求易打开市场；

（2）年轻一代对于国风和文化自信感兴趣；

（3）同等价位，同等风格的美妆产品较少，竞争者少。

4. T 挑战

（1）国内外成熟美妆品牌围剿，竞争激烈，重度依赖工厂；

（2）OBM 模式有代工厂经营自有品牌风险；

（3）重营销轻研发，缺少核心竞争力，易被模仿超越。

备 注

## 九、产品机会评估

在进行完竞品分析之后，团队即可评估判断前期策划方案中产品的可行性和发展潜力。只有经过评估考验的策划方案及产品，才能真正进入产品定位及设计实施阶段，否则它仅仅是一个不成熟的构想而易被扼杀在摇篮中。

| 序号 | 评估项目 | 评估问题 | 答案 |
|---|---|---|---|
| 1 | 产品价值 | 产品目标用户群是谁？ | |
| 2 | | 产品满足用户什么需求？ | |
| 3 | | 是用户群体高频需求还是低频需求？ | |
| 4 | 市场规模 | 目标市场规模有多大？ | |
| 5 | | 目标市场消费能力如何？ | |
| 6 | | 行业发展现状与趋势如何？ | |

随堂笔记

续表

| 序号 | 评估项目 | 评估问题 | 答案 |
|---|---|---|---|
| 7 | 竞争优势 | 行业前三位竞品现有优势如何? | |
| 8 | | 潜在（跨界）竞品的威胁有多大? | |
| 9 | | 产品核心竞争优势是什么? | |
| 10 | | 是否有行业壁垒、差异化价值? | |
| 11 | | 是否具备打动人的创意巧思? | |
| 12 | | 是否具备打动人的文化内容? | |
| 13 | 收益指标 | 现有资源能力是否支持产品落地? | |
| 14 | | 产品成本优势有多大? | |
| 15 | | 产品销售优势有多强? | |

## 任务 3　明确产品定位

### 任务知识

产品定位是对产品满足用户功能需求与精神需求程度的定义，是产品价值的解读，是用户对产品的第一印象。产品定位需要对用户需求、目标市场、产品价值有比较深刻的思考和清晰的认识。初创团队在开发新产品时，可以遵循产品定位法则。

### 案例剖析

**毛绒玩具的价值属性由什么因素决定?**

毛绒玩具是一种由毛绒面料与 PP 棉及其他纺织材料为主要面料，内部填塞各种填充物而制成的玩具，也可以称为软性玩具或填充玩具。目前，市面上普通毛绒玩具挂饰的价格在几元到几十元不等。“铜奔马”毛绒玩具、“胡萝卜”毛绒玩偶因其文化附加价值的影响，售价可以在百元区间。两者在产品定位上有哪些相似之处与区别?

| 项目 | “铜奔马”毛绒玩具 | “胡萝卜”毛绒玩偶 |
|---|---|---|
| 目标用户 | “丑萌”审美新一代年轻受众 | 演唱会现场资深粉丝 |
| 必备型功能属性 | 毛绒玩偶挂饰，旅游纪念品 | 毛绒玩偶挂饰，活动纪念品 |
| 兴奋型功能属性 | “铜奔马”文化属性、趣味性、时尚性 | 娱乐明星 IP 属性、精美性、时尚性 |
| 定价 | 128 元 | 299 元 |

备　注

随堂笔记

备 注

续表

| 项目 | “铜奔马”毛绒玩具 | “胡萝卜”毛绒玩偶 |
| --- | --- | --- |
| 图示 |  |  |

## 一、产品定位法则

1. 适应性原则

适应性是指产品定位要与现状匹配。一方面，产品定位要满足用户需求；另一方面，产品定位要适应企业自身的人、财、物等资源配置的条件，以保证产品的落地。

2. 竞争性原则

遵循竞争性原则即产品定位要考虑竞品情况。任何一个行业都存在大量竞争对手，包括直接竞争对手、潜在进入者、替代品等，因此，产品定位一定要结合竞品现状，包括竞争对手的数量、实力、在目标市场中的地位等，避免定位雷同，以降低风险。

特别是对于大牌笼罩下的初创品牌，需要从竞争对手的劣势入手，避免用鸡蛋碰石头。比如，霸王茶姬做产品定位时，避开了蜜雪冰城、星巴克等饮料品牌，选择同类产品从品牌文化创意出发，选择“新中式国风茶”赛道定位，将戏曲文化与茶事传承、创新结合一体。

3. 标志性原则

文化创意创业的优势在于较少的资源消耗和环境污染。一方面，在产品供需关系倒转及消费升级的趋势下，用户越来越挑剔，对产品的品质要求越来越高；另一方面，由于初创团队或企业能利用的资源十分有限，后期品牌运营又需要大量成本；因此，产品定位初期把资源聚焦到一款产品或一类产品上是企业较具性价比的做法，同时也能够提高相应品牌辨识度。

## 二、定位产品内容

### （一）定位产品价值（为什么做、卖点）

对产品综合性、概括性的描述，分为两个方面：一是市场价值，即产品从物质功能属性方面能给用户提供何种价值，从精神功能属性方面能满足用户什么样的精神需要；二是社会价值，即文创产品从其文化属性来讲能给所属文化带来何种传承弘扬与保护的价值，从企业性质来讲能对带动就业、促进乡村振兴与共同富裕等人民需要有什么样的价值。

### （二）定位目标用户（要做给谁、需求）

确定目标用户，即明确说明产品为什么样的用户服务。确定目标用户可以有两种方式：

主观设定：根据产品设计者的想法直接确定产品为某类用户群提供服务，主观确定目标用户，根据其特征与需求确定产品定位。

客观设定：初创团队有初步产品想法后，通过用户调研分析哪类用户群对这个产品的需求最强烈和敏感，确定目标用户群。

### （三）定位产品功能（要怎么做、方案）

定位产品功能核心任务是选定文化元素与文化载体（具体产品），并将文化元素与文化载体进行极具巧思的创意融合。

1. 必备型功能奠定产品基础

必备型功能是指有了这种功能，用户并不会对这个产品产生多少好感，但是没有这种功能，用户满意度会直线下降，在文创产品中通常是指产品（文化载体）的实用功能。比如，一个敦煌文化主题产品、帆布包、笔记本、纸胶带、冰箱贴等产品必备功能属性，都是文创产品的标配。

必备型功能是用户考虑购买这个产品的主要决策因素，也是常被用户使用的功能，满足用户对产品的基本需求，用于奠定产品基础。

2. 期望型功能提升产品好感

期望型功能是指有了这种功能，用户的好感会明显增加，没有这种功能，用户的不满会增加。

3. 兴奋型功能打造产品惊喜

兴奋型功能即在文化创意融合产品载体的过程中，设计巧妙，给人眼前一亮、耳目一新的兴奋与愉悦。例如，在“铜奔马”毛绒玩具出现之前，用户不会想象到以其正面“丑萌”形象可以创新出如此具有趣味的可爱玩具。

兴奋型功能往往不会被用户过分期望，设计团队如果能够洞察并将它挖掘出来，就会给用户造成惊喜的效果。这个功能可以用来打造产品差异点，甚至直接触动用户产生购买决策与行为。兴奋型功能甚至可以说是一个文创产品能否成功的关键因素。

图 2–4 所示为不同产品功能与产品满意度的关系。

随堂笔记

备 注

随堂笔记

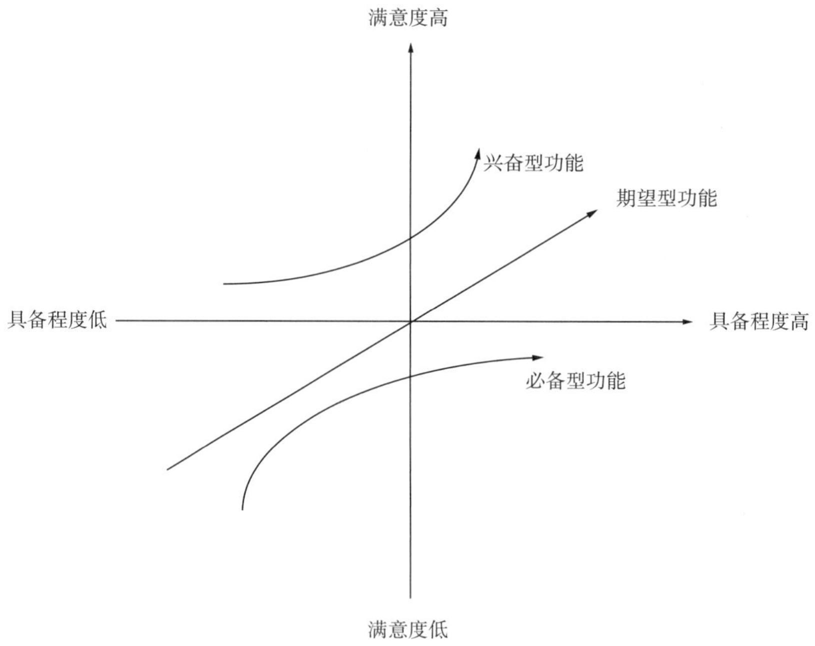


图 2–4　不同产品功能与产品满意度的关系（图片来源网络）

备　注

## 拓展延伸

1. KANO 模型与文创产品设计定位

（1）KANO 模型的基本概念。

KANO 模型主要通过客户对产品特性的反应，分类产品的不同属性，并分析它们如何影响客户满意度。该模型强调不同属性的产品特性对客户满意度的不同影响，可以帮助设计团队和企业确定哪些特性会提高客户满意度、哪些会让客户感到失望。

（2）KANO 模型通常将客户需求分为五个基本类别。

①基本需求。

定义：这是顾客认为理所当然的、最基础的需求。缺乏这些需求会导致客户不满，而满足这些需求并不能显著提高客户满意度。

特征：如果产品缺少这些基本功能，客户会感到非常不满。如果满足了这些需求，客户的满意度只会处于“基本合格”状态，不会有太多的激动或额外的满意感。

基本需求通常与产品的最低标准或必备功能相关。

②期望需求。

定义：客户对产品的期望需求是指产品在一定功能上表现出来的实际功

能或性能，这些需求直接与客户的满意度相关，表现越好，客户的满意度越高，表现差则满意度降低。

特征：满足期望需求会直接影响客户满意度。期望需求通常是客户主动提出的需求，是产品开发过程中需要重点关注的部分。

③兴奋需求。定义：兴奋需求指的是客户未明确表达过，但能够带来惊喜和超出期望的功能或特性。兴奋需求的满足能够让客户感到非常高兴，显著提升满意度，即使这些需求没有被满足，客户也不会感到不满。

特征：满足兴奋需求会极大地提高客户满意度。这些需求通常不为客户所期望，但满足这些需求会给客户带来惊喜。

④无差异需求。

定义：这些是客户对产品的需求，但这些需求无论是否得到满足，都不会对客户的满意度产生显著影响。

特征：满足或不满足这些需求对客户的满意度几乎没有影响。这些需求通常是产品的附加功能或可有可无的特性。

⑤反向需求。

定义：某些功能或特性对某些客户是令人满意的，但对其他客户来说却是令人不满的，它取决于不同客户的偏好。

特征：满足反向需求可能会让某些客户满意，但同样也可能会让其他客户不满。这类需求通常涉及不同的消费群体，满足的程度和方向要谨慎把握。

（3）根据KANO模型进行文创产品定位。

通过KANO模型的分析，可以将文创产品的设计重点放在不同类型的需求上，进一步明确产品定位。以下是具体的操作步骤：

①基本需求：确保文化核心价值的传承。文创产品的设计首先需要满足基本需求，尤其是在文化传承和工艺质量方面，这是文创产品成功的前提。例如，在设计博物馆文创产品时，必须保证所采用的文化元素准确、符合历史背景，确保其文化价值得到恰当传递。

产品定位：确保产品传承正确的文化符号，并注重质量的保证（如材质、工艺等）。这是文创产品的“合格线”，消费者对其期望是“基础满足”，因此，产品设计中的文化元素和基本功能必须尽可能完备。

②期望需求：提升功能性与用户体验。除了文化符号的传承外，消费者对文创产品的期望需求主要体现在设计的实用性、创新性以及与日常生活的结合。例如，一款文创笔记本，除了美观外，可能需要考虑用户的使用便利性、纸张质量、封面材质等。

备 注

随堂笔记

产品定位：将文创产品设计为既具文化价值又具高实用性的商品。例如，设计一款结合地方文化的茶具，除了关注美观和文化元素外，还需要关注它的实用性（如方便清洗、耐用性等）。

③兴奋需求：创意与市场差异化。兴奋需求是文创产品设计中的创新点。通过增加一些出乎意料的元素，产品可以超出客户的期望并带来惊喜。兴奋需求通常是产品成功的“杀手锏”，通过独特的设计或技术使产品脱颖而出。

产品定位：文创产品可以通过现代技术（如AR、VR技术或互动体验）与传统元素相结合，提升文化产品的互动性和现代感。例如，博物馆文创产品可以通过手机应用程序和展品互动，增强观众的沉浸式体验。

④无差异需求：简化设计以降低成本。无差异需求通常与产品的附加功能、非核心设计特性有关。在文创产品设计中，这些需求应尽量减少设计的复杂性，以避免过多资源浪费。

产品定位：避免对消费者并不关心的特性过度设计。例如，文创产品的颜色或材料选择可以简单化，避免过多无意义的装饰和功能。

⑤反向需求：多元化设计以适应不同消费者群体。对于反向需求，文创产品设计需要特别关注不同消费者群体的需求差异。例如，部分消费者喜欢简单的现代设计，而另一些则倾向于丰富的传统文化风格。

产品定位：为满足不同消费者群体，可以在设计时增加选择空间或推出多样化的产品系列。比如，推出一款简洁现代风格与一款传统元素风格的文创饰品系列，以满足不同顾客的需求。

（4）KANO模型的文创产品设计实践案例。

假设设计一个博物馆文创产品（如文化艺术纪念品），根据KANO模型进行定位：

基本需求：产品需要准确传递博物馆所代表的文化信息和艺术价值，确保文化的真实性与传承。

期望需求：产品设计需要兼顾艺术性和实用性，如设计具有实用功能的文化衍生品（文具、家居用品等），使其既有文化价值又能满足现代消费者的需求。

兴奋需求：通过创新的互动技术（如AR、QR代码扫描）使产品能够与博物馆展品互动，带来新的参观体验。

无差异需求：如某些装饰性的小细节或颜色选择，虽然对某些消费者有吸引力，但不至于影响大多数人的购买决策。

反向需求：部分客户可能更喜欢极简风格的文化产品，而另一些客户则可能更青睐传统元素丰富的设计，设计时需考虑推出不同风格的产品系列。

备 注

随堂笔记

2. 马斯洛需求模型与文创产品设计定位

马斯洛需求层次理论由心理学家亚伯拉罕·马斯洛于1943年提出，指出人类的需求是按层次从低到高排列的。该理论广泛应用于心理学、管理学等领域，也为文创产品设计提供了新的视角。结合马斯洛需求层次理论，文创产品设计师可以更好地理解消费者的心理需求，打造符合不同层次需求的产品，提升市场吸引力和用户忠诚度。

（1）马斯洛需求层次理论概述。

马斯洛将人类需求划分为五个层次，依次是：

生理需求：最基本的生存需求，如食物、水、睡眠等。

安全需求：对安全、稳定、保护和无害环境的需求。

社交需求：归属感、友谊、爱情和社交互动的需求。

尊重需求：自尊、自我价值感、他人尊重和认可的需求。

自我实现需求：实现个人潜力、创造力、成长和自我超越的需求。

每一层需求都需要在前一层需求得到满足的基础上才能逐步升高。对于设计师来说，理解这些层次的需求有助于为不同用户群体设计符合其需求的文创产品。

（2）马斯洛需求模型与文创产品设计的结合。

在文创产品的设计中，我们可以将马斯洛需求层次理论应用于产品的功能、文化内涵和情感价值的构建，从而提升产品的吸引力。以下是每一层次需求在文创产品设计中的应用及实例分析：

①生理需求。

定义：生理需求是最基本的需求，涉及维持生命所需的基本条件。对于文创产品来说，这些需求通常表现在产品的基本功能性、舒适性和实用性上。

文创产品设计中的应用：文创产品的基础需求通常是产品的使用功能和舒适性。例如，文创产品如果是家居用品，则必须满足基本的舒适性和实用性；如果是餐具或茶具，功能和安全性（如无毒材料、耐高温）应得到保证。设计师需要确保产品的质量符合日常生活需求，能够为用户提供基本的便利。

案例：

文创家居用品：如设计一款具有地方特色的靠枕或桌布，必须满足舒适性和实用性，使消费者能够在日常生活中感到便捷和舒适。

②安全需求。

定义：安全需求指的是人们对于环境的安全性、稳定性以及保障需求。

备 注

随堂笔记

文创产品的设计需要考虑到消费者在使用过程中对安全、稳定、可靠等方面的需求。

文创产品设计中的应用：设计文创产品时，材料的安全性和可持续性必须得到保障如选用环保材料、无毒的涂料等。产品的功能设计需要考虑到使用中的安全问题，例如，博物馆的文创产品可能需要满足防水、防摔、抗压等特性。对于儿童或老年人等特定群体的文创产品，安全设计尤其重要，比如避免尖锐的边角、选择柔软且耐用的材料。

案例：

文创食品包装：例如将传统地方食品的包装设计为具有文化特色的包装，但需要确保包装材料符合食品安全标准，不含有害物质。

③社交需求。

定义：社交需求关注的是人与人之间的联系、归属感、友情和爱。消费者在选择文创产品时，不仅关注产品的实用性，还希望能够通过产品传达某种情感、与他人连接。

文创产品设计中的应用：文创产品可以通过设计来满足消费者对文化认同感和归属感的需求。例如，一款带有特定地区文化符号的纪念品，能够帮助消费者建立与某个地区、历史或文化的情感联系。社交需求也体现在产品的社交功能上，例如，通过赠送文化纪念品或参与文化活动来促进社交关系。

在设计中加入情感元素，能够让消费者在购买和使用文创产品时感受到温暖和认同。

案例：

定制化文创礼品：例如，设计个性化的文创手工艺品，消费者可以根据自己的需求定制，送给朋友、家人或合作伙伴作为礼物，增加社交属性和情感共鸣。

④尊重需求。

定义：尊重需求包括自我尊重、他人尊重、社会地位、成就感等。这一需求层次通常与个人的社会地位、身份认同和自我价值的实现密切相关。

文创产品设计中的应用：文创产品可以通过设计和价值传递来满足消费者的尊重需求。例如，设计高端的、具有独特文化内涵的文创产品，如艺术品、限量版手工艺品等，这些产品可以让消费者感到独特和高贵，获得他人的尊重。

高端文创产品的设计常常融入文化符号和象征意义，展现消费者对某种文化或艺术的深刻理解和认同，进而满足他们对自我价值的追求。

备 注

随堂笔记

案例：

高端文创艺术品：例如，以传统艺术或手工艺为灵感的高端文创商品（如精美的陶瓷、雕刻、刺绣作品等），这些产品不仅具备文化价值，也能彰显消费者的社会地位和品位。

⑤自我实现需求。

定义：自我实现需求是人类需求的最高层次，指的是追求自我成长、创造力的发挥以及实现个人潜能。消费者在这个层次上的需求，通常表现为寻求精神和心理上的自我超越。

文创产品设计中的应用：文创产品设计师可以通过设计促进消费者的自我表达与创意。例如，设计一款支持用户个性化创作的文创产品，消费者可以参与到设计过程，表达自己的创造力和个性。

设计一款能够启发消费者思考、提升文化素养的文创产品，比如富有哲理的艺术作品、深具象征意义的文化作品等，可以帮助消费者实现自我成长和文化深度体验。

案例：

创意自制文创产品：例如，设计自制艺术品或手工艺品套件，消费者可以参与制作过程，展示自我的创造力并获得成就感。这种产品不仅能满足消费者的实际需求，还能帮助他们实现个人的精神追求。

（3）马斯洛需求模型在文创产品设计中的实践意义。

将马斯洛需求层次理论与文创产品设计相结合，可以实现以下几点：

精准定位目标消费者：通过理解不同需求层次，可以帮助设计师了解不同消费者群体的心理需求，从而制定更加符合目标市场的产品策略。

创造情感价值：文创产品不仅仅是实用的商品，还是情感、文化和个性的载体。满足社交需求、尊重需求和自我实现需求，能够为产品赋予更多的情感价值，增强产品的吸引力和消费者忠诚度。

创新产品设计：满足不同需求层次的设计，能够为文创产品注入新的创新点。比如，结合文化传承和现代科技（如 AR、VR 技术），不仅能满足生理和安全需求，还能激发消费者的创造力和探索欲望。

备 注

## 任务实施

1. 文创产品设计定位

（1）任务概述：本项实训任务旨在引导团队根据已完成的文创产品设计构思和竞品调研分析的基础上，明确产品的具体名称、具体特征、产品价值、

随堂笔记

目标用户等详细信息，并寻找意向的参照借鉴产品图、包装图、品牌图，确定团队产品整体风格基调，并制定清晰的产品设计方向。

（2）任务目标：明确文创产品的名称及产品特征，识别目标消费者群体、产品差异化竞争优势等；清晰界定产品的核心价值，明确产品的独特卖点；在产品设计构思的基础上，寻找意向风格参照图，确定具体的设计方向和细节，初步预估产品价格。

（3）任务要求：需基于已完成的文创产品设计构思和竞品调研，进行产品定位的具体分析和决策；完成团队文创产品定位报告，最终根据定位报告提出设计方案，并结合产品定位调整设计细节。

（4）任务内容：

| | |
|---|---|
| 产品名称 | |
| 产品描述 | |
| 独体卖点 | |
| 产品价值 | 用户价值　商业价值　社会价值 |
| 目标用户 | |
| 材料工艺 | |
| 产品价格 | |
| 对标竞品 | |
| 产品意向图 | |
| 包装意向图 | |
| 品牌意向图 | |

备　注

（5）提交内容：

产品定位报告：以 Word 或 PDF 格式提交。

PPT 展示文件：以 PPTX 格式提交。

（6）评估标准：

产品定位的合理性：定位是否准确，目标市场是否清晰，消费者需求是否明确，产品的差异化竞争优势是否有力。

产品核心价值的提炼：是否能够准确阐述产品的核心价值，并清晰地表述其文化内涵、情感价值等。

设计方向的明确性：是否能够根据市场需求和目标消费者群体的特点创新设计方向。

定价与营销策略的可行性：价格策略和营销策略是否与产品定位相符，是否考虑到目标市场的实际情况。

随堂笔记

报告与展示的条理性与表达能力：报告内容是否结构清晰，展示时是否条理清楚、简洁有力，能否有效传达产品定位的思路。

## 模块小结　任务实施情况综合评价

1. 技能点评价表

使用说明：按评价指标评价项目技能点成绩，满分为 100 分。其中，作品文案占 60 分，展示陈述占 40 分；教师评价占 70%，学生互评占 30%。

| 技能点评价指标 | | 分值 | 得分 |
|---|---|---|---|
| 作品文案 | 文化调研、市场调研的完整性 | 10 | |
| | 文化元素挖掘的丰富性、创意性 | 10 | |
| | 竞品分析报告的完整性、合理性 | 20 | |
| | 产品定位的完整性、创意性、合理性 | 20 | |
| 展示陈述 | 演讲专业程度 | 10 | |
| | 语言技巧与非语言技巧 | 10 | |
| | 团队合作配合程度 | 10 | |
| | 时间分配 | 10 | |

2. 素质点评价表

使用说明：按评价指标评价项目素质点成绩，优秀为 5 分，良好为 4 分，一般为 3 分，合格为 2 分，不合格为 1 分。评价分为学生自评与小组成员互评。

| 评价对象 | 素质点评价指标 | 分值 | 得分 |
|---|---|---|---|
| 学生自评 | 团队协作能力 | 5 | |
| | 交流沟通能力 | 5 | |
| | 信息素养与学习能力 | 5 | |
| | 独立思考与创新能力 | 5 | |
| 学生互评 | 成员姓名 | 总得分 | |
| | | | |
| | | | |
| | | | |
| | | | |
| | | | |

注：①团队协作能力，指态度端正，积极参与小组讨论，合作完成项目；②交流沟通能力，指能良好地表达自己的观点；③信息素养与学习能力，指善于搜集并借鉴有用的信息、好的思路和想法；④独立思考与创新能力，指能提出新的想法、建议和策略。

备　注

# 模块三

# 文创产品的设计展示

## ◆ 主要知识内容

1. 文化元素的转译设计方法
2. 文创产品组合策略的思考与应用
3. 产品的视觉设计与效果展示技巧

## ◆ 主要实施任务

1. 完成文创产品的创意设计和展现方案
2. 将文化符号转化成具有吸引力的视觉设计
3. 将设计成果通过展示评估进行优化提升
4. 模块任务综合评价

随堂笔记

## 学习目标

掌握文化元素转译技巧，理解文化创意与产品载体的融合技巧，掌握文创产品静态展示及动态展示内容制作方法。

# 任务 1　文化元素设计转译

## 任务知识

文创设计中的文化元素设计转译，旨在将传统或地方文化以现代化、创新性的形式加以呈现，使其能够适应当代审美需求，产生商业价值，同时传递文化内涵。

### 一、文化元素转译维度

文化符号在文创产品中的转译是将文化符号转化为可以感知的有形实物载体，包括对文化符号的提取、再设计，对当代用户行为的解码，以及对传统文化精神和情感价值的传承与创新。文化元素转译不仅是文化符号本身的表征直叙，也包含了背后的文化内涵与价值，通过归纳、总结、抽象等方式对文化符号的外在表征和内在含义进行归纳总结，并以文创产品为载体进行多维表达。

（1）多维体验新情境——影视类产品——美学与文化。

（2）跨智文化魅力新技术——交互体验类产品——情感情绪。

（3）当代用户新目标——生活日用产品——表层物境（识别与使用）。

### 二、文化元素转译方法

本教材以基础文创设计教学为主，集中于维度——生活日用产品的文化元素，融入提炼转译方法学习。

文化是文创产品的核心要素。在模块二学习中，小组团队已经对选定文创主题收集了详尽丰富的文化元素，并初步制订了产品规划。在设计文创产品时，对文化元素进行精确提炼和合理转译是至关重要的，它是文创产品设计的基本方法，主要分为图纹直接转译、图纹提炼转译、内涵意象转译、传统工艺转译、AI 辅助转译。

1. 图文直接转译

图文直接转译主要针对书法绘画等艺术作品衍生品的设计。设计师将这

备　注

些原汁原味的图纹图像元素进行提取，以最直观的方式激发民众对文化表征和符号的认识（见图 3–1）。

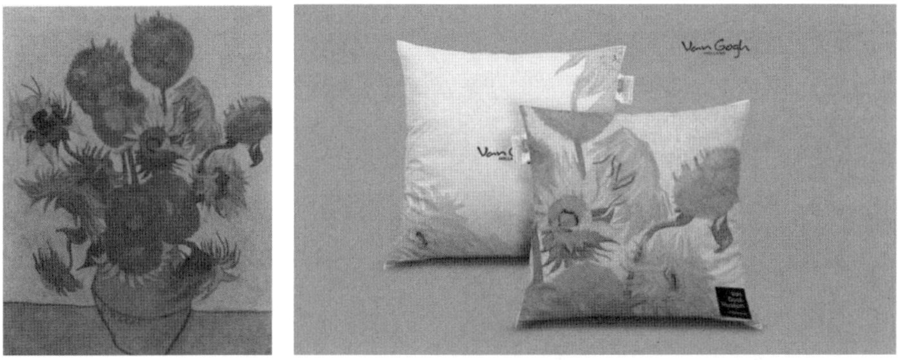


图 3–1　凡·高油画《向日葵》原作及衍生文创产品（图片来源网络）

2. 图纹提炼转译

图纹间接转化的特点在于，并不完全推翻原有图纹的基本特征，而是在保留这些特征的基础上进行二次创作，通过对元素二次设计，让元素本身焕发新的生机（见图 3–2、图 3–3）。

图 3–2　凡·高油画《星空》原作及衍生文创产品（图片来源网络）

图 3–3　甘肃省博物馆鲵鱼纹彩陶瓶及衍生文创产品（图片来源网络）

3. 内涵意象转译

除了将特征性的视觉元素进行提取转化外，还可以通过挖掘文化内涵，

随堂笔记

备　注

随堂笔记

利用隐喻的手法将文化的内涵和意蕴转译到产品上，从而达到写意不写实、离形求精髓的效果（见图 3–4、图 3–5）。

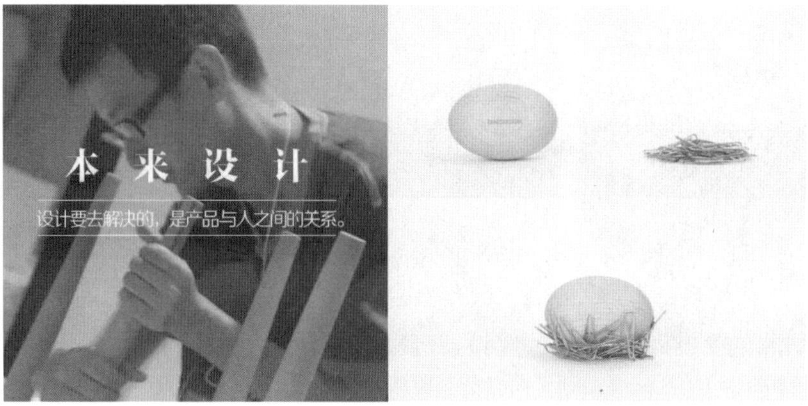


图 3–4　本来设计创始人与“原木蛋”文创产品（图片来源网络）

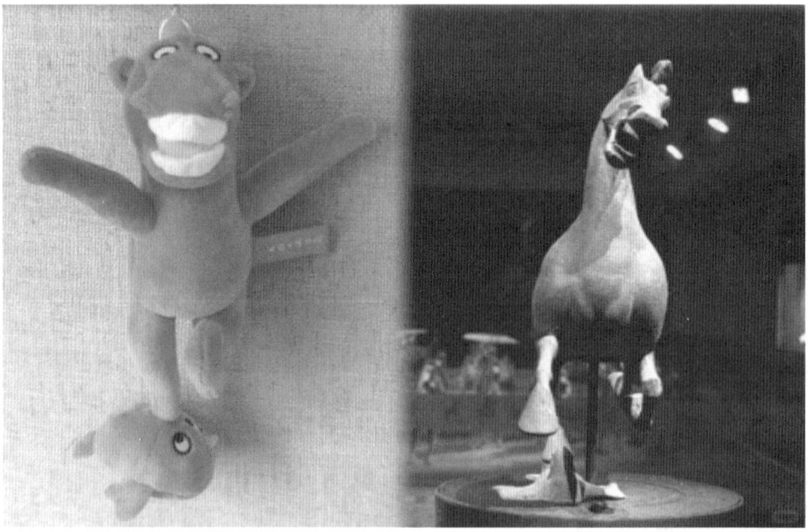

图 3–5　甘肃省博物馆《马踏飞燕》及衍生文创产品（图片来源网络）

4. 传统工艺转译

传统工艺转译是指，从传统工艺中提取具有代表性的核心元素，如纹样、色彩、材质等，这些元素需要能够体现传统工艺的独特性和美学价值；运用现代设计手法对传统工艺元素进行再创造，如简化、变形、重组等，使传统工艺元素与现代审美和市场需求相结合。结合现代科技手段，如数字化技术、3D 打印等，将传统工艺与现代技术相结合，提高文创产品的生产效率和制作精度，同时拓展其应用场景和表现形式。

图 3–6 所示为传统工艺转译的一款手机壳。

备　注

随堂笔记

图 3-6 和合雕漆局漆雕手机壳（图片来源网络）

5. AI 辅助转译

文化元素 AI 辅助转译是指利用人工智能技术，对文化元素进行识别、分析、提取，并在此基础上进行转换的过程（见图 3-7）。这一过程通常基于深度学习和自然语言处理技术。

图 3-7 AIGC 人工智能搭建的蜂蜜包装电商展示场景（课堂中学生自制）

## 三、文创产品设计原则

1. 需求原则

文创产品设计要根据市场需求量开发，客观上不用考虑产品积压，不会造成大量浪费。客观需求主要体现在时间、地点和载体上，能满足不同层次消费者的需求。

同时，文创产品设计中还要考虑用户购买需求，用户购买需求可以归为以下三类：

备 注

随堂笔记

（1）消费型。

消费型文创产品是指能被消费者快速消耗，不适宜长时间保存的文创商品。常见的有土特产与农副产品，一般与食品相关的比较多。此类产品会让消费者在游玩途中或回家后快速消耗，但产品具有较强的文化属性和鲜明的个性，能够增强产品的好感度和忠诚度，会让消费者产生重复购买行为甚至愿意推荐给亲友。

（2）保存型。

保存型文创产品一般具有较强的纪念性，会带有时代、地域或者某种精神的印记，同时能被消费者长期保存。保存型文创产品种类较多，从实用性产品到摆件，从使用频度高到使用频度低的。也许消费者会因为忙碌而忽视产品，消费者使用或者欣赏产品的时候会想到产品背后的故事。

（3）馈赠型。

馈赠型文创产品，往往代表赠予方的地位和价值认同，一般做工比较精致、大气、文化内涵丰富，如国礼蕴含国家文化、商务礼品蕴含企业文化。此类文创产品通常为中高端产品，具有很强的象征意涵，国礼级别产品一般具有唯一性、不可复制性。

2. 创新原则

大胆创新有利于打破传统观念和束缚，创造出独特且全新的文创产品，其中包含丰富的文化内涵，以激发不同消费者的思想交流。

3. 系列原则

成系列的文创产品会形成整体风格，将单个初创团队核心产品拓展为系统产品，衍生出其他丰富的产品。对成系统的文创产品进行分析、对比、评估，能使文创产品达到丰富的视觉效果。

备 注

4. 继承原则

在继承传统文化的基础上，取其精华，去其糟粕，集中精力解决主要问题，对优秀的传统文化元素不断吸收、创新。

5. 效益原则

文创产品要考虑社会效益，预测可能出现的同类竞品，根据市场反馈再扩展产品线。在产品开发阶段，应当提升研发速度，不断抢占市场，延长文创产品的营销寿命。

6. 优化原则

优化是指高效、优质、经济地设计文创产品，在对其他同类型文创产品进行分析时，需要全面、完整、准确的数据信息来指导文创产品设计，改进设计方案，优化文创产品。

随堂笔记

## 四、文创产品设计思路

文创产品的设计思路关键节点主要包括文化元素的转译、魅力符号的提炼、载体的选择及产品系列的搭建、展示效果的制作、样机生产测试等。其核心是文化元素转译、魅力符号提炼，以及载体与文化的创意融合。以下为三种典型的融合思路：

1. 文化图形与产品载体的形体融合

这种设计方法是最初级的，也是市场上大多数文化创意产品惯用的设计手段，这在一定程度上造成了文化创意产品的同质化。如今，各大旅游景点仍然可见这种直接的文化形象的模仿品。这种对文化形态、文化元素的具象模仿也包括传统的纹样、肌理、配色，这种方法包括直接大面积借用，也包括局部引用。在整体的纹样借鉴方面，这种处理方法没有过多的抽象和加工，比如一些笔记本、背包、衣服、鼠标垫、杯垫等。另外，局部纹样的借鉴主要是对纹样的截取、简化，进行艺术化的设计之后再加以移植。在色彩的运用上，多是对文化品的经典配色或主色调进行提取，以此来体现其所处时代的文化特征，这种独特的色彩搭配能使人在视觉上直观地联想到相关的文化情节和特征。从市场来看，这种设计方法常见于实用价值较高的日常生活用品，如饮具、文具等。通过这种方式设计出来的文创产品可以将经典的文化符号带到人们的日常生活中，能够直接提升大众的艺术知识。但其不足之处在于没有思考产品载体与文化之间的内在联系，仅仅满足类似于“好看”的装饰性需要。

2. 文化图形与产品载体的叙事融合

这种设计方法富有巧思，可以给用户带来耳目一新的文化体验与产品故事。每一种文化中都存在着各种各样的意象，这些意象是在特定的历史条件下形成的，并在社会群体中通过各种各样的方式被保留下来。经过时间长河的淘洗，所留下来的意象就是本民族经典的文化符号，它已深刻地融入了每个人的文化血脉中，成为一个人性格的一部分。这种文化意象在群体中具有共通性，成为群体价值认同的一部分。对这种具有深刻文化内涵的文化意象的引用具有很大的难度，必须将产品的使用功能、审美功能和象征功能三者紧密地结合起来。好的产品讲究天时、地利、人和，这就是产品的审美意境、实用性和人性化的有机结合。

在古代的设计品中，博山炉是经典的设计案例。博山炉是中国古代两汉和六朝时期兴起的熏香器，炉体呈青铜器中的豆形，上部有盖，高而尖，呈山形，盖上雕镂群山、仙鹤，又有各样珍禽异兽，这种形式象征了传说中的

备　注

随堂笔记

仙山。使用时取下山形盖，在豆形盘上焚香，盖上山形盖之后，烟雾从镂孔中袅袅升腾，如仙山之中的雾气上腾，令人心生隐逸之情。博山炉形神兼备，既表达出古人渴求得道成仙的审美意境，又实现了熏香、熏衣的实用功能。在这个设计案例中，得道成仙的渴望化为山形盖里的雾气上腾，熏香本身又是一种超然文化意境的体现，将追求仙境的文化意象融入博山炉熏香的使用体验中，这实在是一种高超的设计方法。

3. 对 IP 及周边的延伸

这种设计方法是在开发出文化符号的核心 IP 之后，围绕这个核心元素开发周边。这种设计方法讲究系统性和延展性，在具体的产品中形象可能会有所差别，但是其中的文化内涵是属于同一个文化 IP 的。在 IP 的引用之外，有的文创产品还加入了流行元素，这降低了受众的理解难度，有利于 IP 的推广融入。目前比较成功的设计方法是，先开发出 IP 及周边的文化元素，再利用这些文化符号开展相关设计，在设计范围的逐渐拓展中，再加入新的文化元素和产品形式，不断完善文化创意产品设计。

## 任务实施

1. 文化主题元素转译与初创产品设计尝试

（1）任务概述。

基于前文介绍的文化转译维度及转译方法，团队就选定的文化主题采取恰当的转译维度及转译方法开展初创产品的具体设计。

（2）任务目标。

掌握文化转译的基本维度与方法，结合具体案例深化对概念的理解；学会提取选定文化主题的典型元素，并进行创新性转译设计；尝试完成基于文化转译初创产品的设计实践，并进行阶段性展示和优化。

（3）实施步骤。

①文化主题解读。

视觉符号分析：提取具有代表性的纹样、造型、色彩等。

情感与语义解析：分析选题传达的情感核心或文化象征意义。

示例：喜文化

| 元素分类 | 提取元素 | 元素特征 | 潜在转译方向 |
|---|---|---|---|
| 色彩 | 红色、金色 | 吉祥、热烈 | 产品包装主色调 |
| 纹样 | 龙凤纹 | 权威、高贵 | 图标设计元素 |
| 形式 | 圆形 | 团圆、和谐 | 家居装饰品形态 |

备　注

随堂笔记

②转译维度与方法选择。

一方面，根据文化主题，团队在以下维度中选择 1~2 个作为设计焦点：

视觉转译：纹样几何化、图形简化等。

功能转译：将文化元素与现代使用场景结合。

情感转译：融入受众情感连接的设计形式。

定义核心方法

另一方面，团队需阐述拟使用的简化、夸张、融合、跨界等文化转译方法。例如：采取视觉转译及情感转译维度，将红色、金色与金榜题名、上岸等情感链接词汇融合，设计考试通过相关喜元素的手机壳。

③设计提案框架。

每组需准备初步设计提案，包括：元素说明（来源、意义）；转译维度与方法描述；产品用途与创意说明；意向产品风格类型参考图片。

## 任务 2　文创产品的组合策略

### 任务知识

#### 一、产品组合定义

产品组合是指产品的各色品种集合，是指一个企业在一定时期内生产经营的各种不同产品、产品项目的组合。产品组合是某一企业或公司出售的各种产品系列的组合，包括自己生产的所有的产品系列或经销的他产所有产品系列。

#### 二、产品角色定位

1. 引流款产品

引流款产品是主推吸引流量的产品，其主要目的是吸引目标客户群体中的大部分顾客。产品转化好，有价格或其他方面的优势，毛利率趋于中间水平，利于占领市场位置。

2. 利润款产品

利润款产品是占产品结构中最高份额的产品，主要面向目标客户群体中的特定小众人群。具有突出的产品卖点及特点，高利润率，符合小众人群的心理期望。

3. 活动款产品

活动款产品通常是为促销活动而设计的产品，可能具有限时优惠、捆绑

备　注

随堂笔记

销售等特点。限时优惠，捆绑销售，提升销售额和品牌影响力。

4. 形象款产品

形象款产品是代表品牌形象和高端定位的产品，旨在提升品牌形象和满足高端消费者的需求。高品质，独特的设计，高附加值，体现品牌的独特性和价值。

## 三、产品组合策略

1. 扩大产品组合策略

开拓广度是指增添一条或几条产品线，扩展产品经营范围；加强深度是指在原有的产品线内增加新的产品项目。

2. 缩减产品组合策略

削减产品线或产品项，是指取消那些获利小、销售弱的产品，以便集中力量经营主要的产品线和产品项。

3. 新技术融合产品策略

强调把科学技术应用于新产品开发过程，不断改进产品使之符合现代顾客发展的潮流与新技术发展的趋势，吸引更多消费者，增加销售量。

## 任务实施

文创产品组合策略实践

（1）任务概述：

文创产品的组合策略主要是通过多样化的产品组合、市场细分以及品牌定位来达到市场的差异化竞争和盈利目标。初创团队应围绕核心文创产品，设计规划产品组合及采取的策略。

（2）任务目标：

深入理解文创产品组合的定义及其重要性；掌握不同产品角色（引流款、利润款、活动款、形象款）的定位与特点；运用产品组合策略（扩大产品组合、缩减产品组合、新技术融合产品）进行文创产品的设计与规划；提升团队协作、市场分析及产品设计能力。

（3）实施步骤。

①产品组合设计：根据市场调研结果，确定目标消费群体及市场定位；设计一套文创产品组合，包括引流款、利润款、活动款和形象款；对每款产品进行详细描述，包括产品名称、设计理念、功能特点、价格定位等。

②产品组合策略应用：选择一种或多种产品组合策略（扩大产品组合、缩减产品组合、新技术融合产品），将其应用于所设计的文创产品组合中；说

备　注

随堂笔记

明所选策略的理由及预期效果。

（4）成果展示与评估：

小组制作 PPT 展示实训成果；邀请教师及同学进行点评，提出改进建议；根据反馈进行产品组合设计的优化。

## 任务 3　文创产品的视效展示

### 任务知识

在文创产品设计过程中，视效展示是至关重要的一环。文创产品的视效展示是指通过视觉设计手段展现文化创意产品的形态及配色。前期模块任务的重要成果也将体现在最终文创产品的视效展示中。一个优秀的视效展示能够凸显产品的独特性和文化内涵，吸引投资者、消费者的注意力，甚至激发其购买欲望。

#### 一、静态视觉展示

1. 平面设计展示

平面设计图能深入、真实地反映出产品设计形式，以透视画法为基础，适用于内部构造简单的文创产品，如图 3-8 所示。

使用工具：PS、AI、AIGC。

图 3-8　如意甘肃地图冰箱贴设计图（图片来源于甘肃四象造物文化创意有限公司）

2. 摄影摄像展示

摄影摄像通过高质量的摄影或摄像技术，可以展现文创产品的细节和质

备　注

随堂笔记

感；同时，利用光影的变化和组合，可以营造独特的视觉效果，增强文创产品的吸引力，如图 3–9 所示。

使用工具：摄影摄像器材、补光灯、PS。

图 3–9　甘肃地图冰箱贴摄影图（图片来源于甘肃四象造物文化创意有限公司）

3. 三维建模渲染展示

三维建模技术能将文创产品以立体的形式呈现，使受众能够更直观地了解其形状和结构；借助渲染技术，模拟不同材质的光影效果，使文创产品在视觉上更加真实、生动，如图 3–10 所示。

使用工具：Rhino 等三维建模工具、Keyshot 等视效渲染工具。

备　注

图 3–10　三兔共耳敦煌文创周边渲染图（图片来源于甘肃四象造物文化创意有限公司）

随堂笔记

## 二、动态视觉展示

1. 动画与视频展示

故事叙述：通过动画或视频的形式，讲述文创产品的背后故事和文化内涵，增强受众的情感共鸣。

动态演示：展示文创产品使用场景或功能特点，使受众能够更直观地了解其用途和价值。

2. 虚拟现实（VR）与增强现实（AR）

沉浸式体验：利用 VR 技术，将受众带入一个虚拟的文创产品世界，使其能够身临其境地感受产品的魅力。

互动体验：通过 AR 技术，将文创产品与现实世界相结合，实现与受众的互动，提升用户的参与感和体验感。

## 三、众筹模式下的产品展示

在众筹项目中，产品三维建模渲染及动画制作、虚拟现实（VR）与增强现实（AR）展示扮演着至关重要的作用。通过这种展示方式，项目发起者可以向项目支持者在无实物产品的条件下，还原产品的原型或设计概念，增强支持者的信任感，从而更容易筹集到所需资金。

### 拓展延伸

**众筹模式与其他商业模式类型**

1. 众筹模式

众筹模式是一种基于互联网平台的筹资方式，企业、项目或个人通过发布其计划或项目，并向公众开放资金支持，以获得来自大量小额投资者或捐赠者的资金。与传统融资方式（如银行贷款或风投）不同，众筹通过小额资金的集结来支持创意或项目的实施。

主要特点：

集资方式：通过公开展示项目或创意，向大众募集资金。

资金来源：来自个人投资者或支持者，这些支持者可能是基于对项目的兴趣、情感支持或回报预期进行投资。

回报方式：奖励型众筹，投资者支持项目后，按金额的不同获得相应的产品或服务；股权型众筹，投资者通过资金支持，获得项目或公司一定的股权；债务型众筹，投资者提供资金后，期望能够获得一定的利息回报。

备 注

随堂笔记

平台依托：众筹通常依赖于互联网平台来募集资金和支持。

优势：资金门槛低，可以从小额投资者获得资金，而不需要大量的初期投资；市场验证，通过大众参与，企业或项目可以验证其市场需求或创意的可行性；社区支持，投资者通常是项目的早期用户或忠实粉丝，有助于品牌建立和产品推广。

挑战：成功率低，许多众筹项目未能达到预期的资金目标或失败；激烈的竞争，许多项目面临同类项目的激烈竞争，如何吸引投资者成为关键；资源与时间需求，尽管项目从理论上可以快速获得资金，但成功的众筹通常需要大量时间、精力和营销策略。

2. 其他商业模式类型的对比

（1）零售型商业模式。

概述：零售商从批发商处购买商品，并直接销售给消费者。

收入来源：商品的销售利润。

与众筹模式的对比：零售模式依赖于商店或在线平台的销售渠道，而众筹模式更注重从社区或小额投资者那里筹集资金；众筹更多涉及项目或创意的资金集结，零售模式则是产品的直接交换。

（2）订阅型商业模式。

概述：企业提供持续的服务或产品，并通过订阅费用获得收入。

收入来源：定期订阅费用。

与众筹模式的对比：订阅模式侧重于建立长期的客户关系，确保持续的收入来源，而众筹则通常是一项一次性的筹资行为，具有项目性质；订阅模式需要稳定的服务和内容支持，而众筹模式可能更侧重短期内的资金获得与项目启动。

备　注

（3）平台型商业模式。

概述：通过平台连接供需双方，并从中收取交易费用。

收入来源：交易佣金、广告费等。

与众筹模式的对比：平台模式通常连接用户和商家，侧重于交易，而众筹则侧重于项目资金的筹集；众筹项目可以通过平台进行，但平台本身的目标是搭建供需关系，众筹则是一种特定的筹资形式。

（4）股权融资模式。

概述：企业通过向投资者出售公司股权的方式筹集资金。

收入来源：股权出售带来的资本注入。

与众筹模式的对比：股权融资通常通过风险投资者或机构投资者完成，

随堂笔记

投资者获得公司股份和潜在资本回报；众筹中的股权众筹方式与此类似，但众筹更多的是面向大众，股权融资则面向专业投资者。

（5）广告收入模式。

概述：企业通过展示广告或内容推荐获得收入。

收入来源：广告费。

与众筹模式的对比：广告收入模式依赖于平台的用户流量，而众筹模式依赖于项目支持者的资金投入；众筹可能需要较高的参与度和情感投入，而广告模式则侧重于广泛的受众覆盖。

（6）共享经济模式。

概述：通过平台共享闲置资源（如车辆、住房、工具等）来获取收入。

收入来源：租赁费用、平台佣金。

与众筹模式的对比：共享经济侧重于资源的利用和交换，而众筹则侧重于资金的集结；共享经济模式通常是以实际物品或服务为基础，而众筹则是对未来产品或项目的预先资助。

（7）免费增值模式。

概述：企业提供免费基础服务，吸引用户使用，然后通过付费升级或增值服务获利。

收入来源：付费订阅、增值服务。

与众筹模式的对比：免费增值模式的重点是获取广泛的用户基础并将其转化为付费客户，而众筹的重点则是通过预售产品或服务获取启动资金。

3. 众筹模式与其他商业模式的优缺点对比

| 商业模式 | 优势 | 缺点 | 适用场景 |
| --- | --- | --- | --- |
| 众筹模式 | 低资金门槛<br>市场验证<br>社区支持<br>能快速筹集资金 | 成功率较低<br>竞争激烈<br>需要高营销投入 | 创业公司、创新产品、艺术项目 |
| 零售型商业模式 | 稳定的现金流<br>适用广泛市场 | 高库存压力<br>需要强大的供应链和物流支持 | 消费品、商品销售 |
| 订阅型商业模式 | 稳定的收入流<br>高客户黏性 | 高客户获取成本<br>需要持续提供高质量内容或服务 | 在线服务、娱乐、教育、软件产品 |
| 平台型商业模式 | 网络效应<br>可扩展性强<br>用户黏性高 | 高平台维护成本<br>需解决平台监管和信任问题 | 交易平台、共享经济、社交平台 |

备 注

随堂笔记

续表

| 商业模式 | 优势 | 缺点 | 适用场景 |
|---|---|---|---|
| 股权融资模式 | 资金支持强大<br>风险分担 | 股权稀释<br>控制权降低 | 高成长企业、创业公司 |
| 广告收入模式 | 用户不直接付费<br>流量变现 | 依赖用户流量<br>广告效益波动 | 内容平台、社交媒体、搜索引擎 |

众筹模式为项目或企业提供了一个低成本、快速验证市场的筹资途径，尤其适用于创新型项目和早期创业公司。它可以在短期内集结大量资源，并为项目提供初期的资金支持。然而，成功的众筹需要高水平的市场推广和客户信任。

与其他商业模式相比，众筹模式更多侧重于资金集结和用户参与，而不直接依赖常规的商品或服务交易。其他商业模式，如零售、平台和订阅模式，往往需要长期稳定的客户关系和持续的收入流。不同的商业模式根据不同的市场需求和企业目标，具有各自的优势和适用性。

## 任务实施

1. 产品概念设计与草图绘制

任务描述：学生需要根据指定的文化主题（如地方特色、历史文化、艺术风格等），设计一个文创产品。设计形式可以是实用性产品（如文具、饰品）或装饰性产品（如摆件、艺术品等）。设计要有明确的文化背景和创意亮点。

要求：提交至少 3 个初步设计草图；每个草图需标明设计理念、文化元素融入的方式及其含义；草图可以手绘或通过设计软件绘制。

2. 设计软件中的效果图制作

任务描述：根据第 1 任务中的设计草图，使用设计软件制作出高质量的产品效果图。此任务旨在通过软件实现草图的精确表达，并加入合适的材质、纹理和光影效果。

要求：使用 Adobe Photoshop 或 Illustrator 完成平面效果图；使用 Keyshot（或其他 3D 软件）制作三维效果图；加入真实的纹理和材质效果，表现出产品的真实感；通过多个角度（如正视图、侧视图、透视图等）来充分展示产品的设计；在效果图中考虑到光源、阴影、反射等视觉元素，以增强效果图的真实感。

3. 包装设计与展示效果

任务描述：根据文创产品的设计，学生需要设计产品的包装效果图，并

备 注

随堂笔记

考虑如何通过包装进一步强化产品的文化特色与视觉吸引力。

要求：设计包装外观，考虑产品的用途、目标受众和文化符号的融入；设计包装的正反面，包括图案、色彩和文字；包装要符合产品的定位和品牌形象；使用设计软件制作效果图，展示产品在包装中的展示效果。

4. 产品在场景中的应用展示

任务描述：将产品和包装的效果图放入实际使用或展示场景中，展示文创产品在特定环境中的效果。这一任务旨在帮助学生理解如何将产品融入真实或虚拟的生活场景中，并增强消费者的情感联结。

要求：创建一个合适的展示场景（如商店、展览、家庭环境等）；将产品的效果图和包装图放置在场景中，并进行合理的比例、光影调整，使场景看起来真实自然；场景设计应遵循文创产品的定位，尽量模拟现实中的使用效果。

5. 最终展示与呈现

任务描述：将所有设计成果（产品效果图、包装效果图、场景应用图）整合成一个完整的展示报告，并进行展示与讲解。

要求：制作一份 PPT 或视频展示，将设计思路、过程和最终效果图进行清晰呈现；展示中，团队需要解释设计背后的文化理念、创意构思、色彩选择、材料搭配等；展示时注重整体的视觉效果和语言表达；团队协作制作确定的产品组合品类的视效展示物料，并在课堂上进行汇报展示。

## 模块小结　任务实施情况综合评价

1. 技能点评价表

使用说明：按评价指标评价项目技能点成绩，满分为 100 分。其中，作品文案占 60 分，展示陈述占 25 分；教师评价占 70%，学生互评占 30%。

| 技能点评价指标 | | 分值 | 得分 |
|---|---|---|---|
| 作品文案 | 文化元素转译的方法、结果的精巧度 | 10 | |
| | 文创产品组合策略的完整性、合理性 | 10 | |
| | 文创产品的设计及展示效果 | 20 | |
| | 内容的原创性 | 20 | |
| 展示陈述 | 演讲专业程度 | 10 | |
| | 语言技巧与非语言技巧 | 10 | |
| | 团队合作配合程度 | 10 | |
| | 时间分配 | 10 | |

备　注

随堂笔记

2. 素质点评价表

使用说明：按评价指标评价项目素质点成绩，优秀为 5 分，良好为 4 分，一般为 3 分，合格为 2 分，不合格为 1 分。评价分为学生自评与小组成员互评。

| 评价对象 | 素质点评价指标 | 分值 | 得分 |
| --- | --- | --- | --- |
| 学生自评 | 团队协作能力 | 5 | |
| | 交流沟通能力 | 5 | |
| | 信息素养与学习能力 | 5 | |
| | 独立思考与创新能力 | 5 | |
| 学生互评 | 成员姓名 | 得分 | |
| | | | |
| | | | |
| | | | |
| | | | |
| | | | |

注：①团队协作能力，指能态度端正积极参与小组讨论，遵循小组任务分配，合作完成项目；②交流沟通能力，指能良好地表达自己的观点，善于倾听他人的观点；③信息素养和学习能力，指善于搜集并借鉴有用的信息、好的思路和想法；④独立思考与创新能力，指能提出新的想法、建议和策略。

备 注

# 模块四

# 文创产品的商业策略

## ◆ 主要知识内容

1. 产品与市场结合的路径，包括品牌、渠道策略和推广方法
2. 创意产品价值转化为商业模式的实现
3. 市场营销与传播的系统性规划

## ◆ 主要实施任务

1. 制定针对目标市场的产品策略和品牌推广计划
2. 设计文化创意项目的市场营销方案
3. 评价商业策略的可行性并进行优化
4. 模块任务综合评价

随堂笔记

## 学习目标

掌握从初创文创产品展开品牌设计、产品形象设计、产品营销运营、推广的方法策略。

# 任务 1　认识产品与商品

## 任务知识

所有的商品都是产品，但并非所有的产品都是商品。当一个产品被消费者认可，并且可以在市场上交易时，它就变成了商品。文创产品的商业策略需要依托明确的品牌定位、精准的市场受众、创新的销售渠道和合理的定价策略。跨界合作、故事化营销、个性化定制等手段，有助于提升文创产品的市场竞争力和品牌影响力。同时，面对市场的同质化竞争、消费者的多元需求以及文化与商业化的平衡问题，只有保持持续创新，才能在市场中获得持续的成功。

### 一、产品的定义

产品可以是一个物理实体，也可以是一种服务或者是一个想法。它是生产过程的结果，是为了满足消费者的需求或者欲望。产品可以有形，也可以无形。

### 二、商品的定义

商品指的是可以交易的物品或服务。换句话说，一件产品在市场上出售，被消费者认可，成为可以交易的物品或服务，就称为商品。

### 三、产品的商业化策略

当文创新产品设计制作阶段完成后，紧随而来的就是如何将其转化为热销商品。产品的商业策略制定及销售过程是一个复杂多维的任务，涉及品牌、营销、推广、运营等多个方面。这些方面相互关联、相互支持：品牌为营销和推广奠定了坚实的基础；营销和推广推动了产品的销售和市场占有率的提升；运营确保了产品的顺利生产和市场反馈的及时处理。

备　注

| | 品牌 | 营销 | 推广 | 运营 | 经营 |
|---|---|---|---|---|---|
| 目标本质 | 记住我是谁 | 卖出我是谁 | 知道我是谁 | 管理我是谁 | 成长我是谁 |
| 定义 | 用户心智角度的定义 | 发现用户需求传播用户价值 | 通过媒介传递信息 | 持续的业务管理动作 | 企业整体管理操盘 |
| 用户侧 | “你就是我”<br>通过用户心智形成强记忆和选择偏好 | “买它”<br>功效价值、情绪价值、社会价值的满足 | “种草”<br>推广媒介上的信息 | “像个活人”<br>通过一系列动作持续和用户互动，对用户问题及时反馈 | “看不到”<br>用户侧看不到企业的经营，只能看到企业经营的外化 |
| 企业侧 | “忠于我”<br>忠诚度品牌溢价，复购效率提升 | “销售”<br>通过一系列营销动作，创造用户价值并赚钱 | “引流”<br>在线上线下的一系列曝光和引流动作 | “LTV”管理<br>在自己的场域内进行一系列用户管理，拉长 LTV 和活跃度 | “基业长青”<br>企业的通盘考虑，生存发展整体的操盘和管理 |
| 工作体系 | 品牌形象识别系统（CIS）<br>品牌视觉识别系统（VI）<br>品牌商业智能系统（BI） | 发现价值<br>创造价值<br>传递价值<br>传播价值 | 路径：用户 / 内容 / 场景 / 媒介<br>抓手：广告 / 公关 / 销售促进 / 个人销售 | 内容运营<br>渠道运营<br>商品运营<br>用户运营 | 战略<br>组织<br>流程 |

随堂笔记

## 任务实施

*思考与讨论：简述团队设计的文创产品如何推广销售出去。

*学习记录：

# 任务 2　制定产品策略

## 任务知识

备　注

无论是产品还是服务，是实体还是虚拟，本质上都是供给和需求的对称。产品策略的底层逻辑是价值交换，范畴包括产品本体和产品配套，其目的是发现或创造消费者需求，并用产品价值满足他们。

### 一、产品定价策略

价格是竞争的重要手段，产品定价是市场营销组合中关键的组成部分。价格过高，可能失去很多潜在用户；价格过低，基本盈亏平衡难以保证，且可能掀起行业价格大战。因此，定位产品价格是比较困难的，稍有不慎，满盘皆输。产品定价的核心在于，建立一套合理的价格体系，实现产品在用户心中的消费价值，达到产品利润最大化。

随堂笔记

1. 成本导向定价法

成本导向定价法：以产品单位成本为基本依据，再加上预期利润来确定价格的方法，是中外企业最常用、最基本的定价方法。

成本：企业生产经营过程中发生的实际耗费，客观上要求通过商品的销售来得到补偿，且要获得大于其支出的收入，超出的部分为企业利润。

2. 竞争导向定价法

竞争导向定价法：基于同行业竞品价格定位产品价格的方法。

一个产品标准化程度越高，通用性就越强，可替代性也越高，供给量越来越大。对于该品类来说，产品价格已经比较透明，它能被消费者接受的价格范围比较聚焦固定。这时要保证自己的产品具有市场竞争力，基于竞品的定价策略显得尤为重要，价格很有可能决定自己的产品能否在竞争中脱颖而出。

企业采用竞争导向定价法，除定价思路简单外，还有就是风险小。竞争对手的价格策略已在市场上经过一段时间考验，意味着目前市场接受这样的价格，定价策略失败的风险大大降低。

3. 需求导向定价法

需求导向定价法：以用户需求为中心的定价方法，根据用户对产品的需求强度和对产品价值的认识程度来制定产品价格。

它不是根据产品成本，也不是单纯考虑竞争状况的定价，而是根据市场需求强度和用户对产品价值的理解来制定产品销售价格。因为最终为产品买单的是用户，用户对产品的价格有决定性作用。因此，我们需要洞察用户对价格的期望水平，此时需要考虑两个重要的问题，即用户价格承受上限和用户价格承受下限。我们可以通过价格敏感度测试来获得答案。

备　注

## 拓展延伸

**价格敏感度测量：研究用户期望价格的重要方法**

价格敏感度测量是一种研究工具，旨在通过分析消费者对不同价格的反应来找到最优定价及价格区间（图 4-1 所示为用户敏感度测量所用产品）。以下是关于用户敏感度测量模型及其应用的关键点解析。

（1）特点。

重点在价格和质量的权衡：用户敏感度测量模型假定消费者在价格决策中关注价格与感知质量之间的平衡，而不是以竞争为核心。

基于自然反应：模型以目标用户的主观感受为基础，没有进行市场对比或诱导性问题设计。

随堂笔记

图 4–1　用户敏感度测量所用产品（图片来源于课程案例）

合理价格范围：可以帮助企业得出理性价格的范围，既避免过高也避免过低定价。

（2）调查方法。

用户敏感度测量模型主要通过向被访者提出以下四个问题来收集数据：

认为价格“太贵”的价格：达到这个价格点，被访者会认为贵到无法接受。

认为价格“贵但仍可接受”的价格：此时被访者认为虽然价格较高，但仍在支付能力和意愿范围内。

认为价格“便宜但有怀疑”的价格：此时被访者认为可能影响质量的可靠性。

认为价格“太便宜”的价格：该价格低到被访者对产品质量产生明显怀疑。

（3）数据分析。

在调研过程中，将从被访者的回答中形成的四个价格点绘制成四条曲线，包括“价格太贵”和“价格太便宜”，通过这几条曲线的交点分析，得出以下结论：

最优价格点（OPP）：消费者对产品价格最能接受的平衡点。

适购价格下限（PMC）：消费者不会因价格“太便宜”而质疑质量的最高价格。

适购价格上限（PME）：消费者不会认为“太贵”的最高价格。

价格区间：适购区间由适购价格下限和适购价格上限来限定。

（4）应用关键点。

目标用户的明确性：受访者必须符合目标用户特性，以保证数据的可信度。

备　注

随堂笔记

产品概念或定位描述：在调研开始前，需通过清晰表达产品的核心定位和价值使受访者对产品有清晰认知。

价格梯度表设计：用于测试的价格范围应覆盖可能价格点，并具有一定的弹性——通常涵盖预计市场价格的三倍以上。

通过用户敏感度测量模型，企业不仅可以制定一个合理的价格策略，还能根据市场定位调整价格框架，以更好地满足目标消费者需求。

| 属性 | 测试用例 |
| --- | --- |
| 最低价格（过于便宜） | 你认为什么样的价格太便宜，以至于怀疑其质量较差而不会购买 |
| 较低价格（经济实惠） | 你认为什么样的价格比较便宜，感觉物有所值，会去购买 |
| 较高价格（有点小贵） | 你认为什么样的价格较高，但仍可接受，会去购买 |
| 最高价格（过于昂贵） | 你认为什么样的价格太高，以至于不能接受，肯定会放弃购买 |

（5）用户敏感度测量模型被访者测试用例。

以个性化印刷帆布包为例，定价多少最合适呢？市场容忍度是多少呢？

我们使用用户敏感度测量模型来寻找答案，我们需要做用户调查，问卷结构见下表：

| 价格 | 太便宜 | 经济实惠 | 有点贵 | 太贵了 |
| --- | --- | --- | --- | --- |
| 1~5 元 | | | | |
| 6~10 元 | | | | |
| 11~15 元 | | | | |
| 16~20 元 | | | | |

首先通过被访者对每一档价格进行四个选项的评价，我们得到了各类价格区间“太便宜、经济实惠、有点贵、太贵了”的频率值。

其次对每个选项进行累计求和，比如：“太便宜”“经济实惠”这两列是从下往上累计求和。

| 价格 | 太便宜 | 累计求和 | 累计百分比 | 经济实惠 | 累计求和 | 累计百分比 |
| --- | --- | --- | --- | --- | --- | --- |
| 1~5 元 | 10 | 28 | 100% | 4 | 24 | 100% |
| 6~10 元 | 10 | 18 | 64% | 5 | 20 | 83% |
| 11~15 元 | 6 | 8 | 29% | 8 | 15 | 63% |
| 16~20 元 | 2 | 2 | 7% | 7 | 7 | 29% |

| 价格 | 有点贵 | 累计求和 | 累计百分比 | 太贵了 | 累计求和 | 累计百分比 |
| --- | --- | --- | --- | --- | --- | --- |
| 1~5 元 | 0 | 0 | 0 | 0 | 0 | |
| 6~10 元 | 0 | 0 | 0 | 0 | 0 | |
| 11~15 元 | 3 | 3 | 33% | 2 | 2 | 9% |
| 16~20 元 | 6 | 9 | 100% | 20 | 22 | 100% |

备　注

随堂笔记

按照统计结果，绘制个性化印刷帆布包用户敏感度测量模型图，如图 4-2 所示。

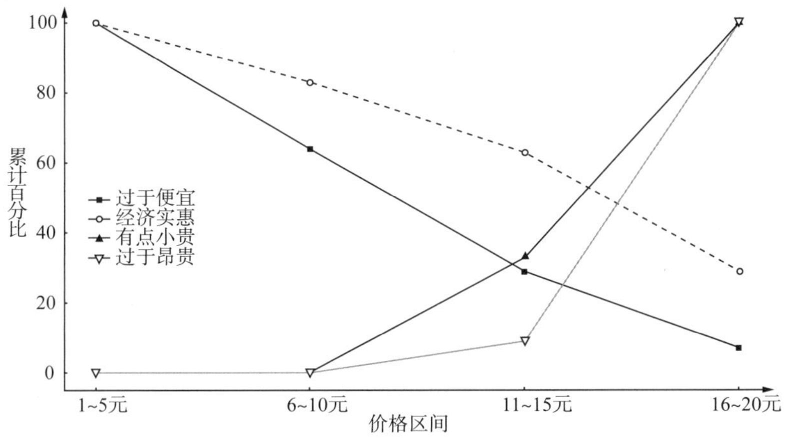


图 4-2　根据统计数据绘制的用户敏感度测量模型图（图片来源于作者自制）

从用户敏感度测量模型的价格敏感度图中，可以分析以下关键点：

（1）最优价格点：

最优价格点出现在“太便宜”和“太贵”曲线相交的位置，这表示用户对该价格的接受程度最高，同时价格和质量之间达成了平衡。

根据图表分析：最优价格点为 11~15 元区间的中点（大约 13 元）。在此价格上，认为产品“太便宜”的用户比例约等于认为产品“太贵”的用户比例。

（2）适购价格范围：

适购价格范围由“经济实惠”和“有点贵”曲线的交叉点定义，分别对应以下两个点：

适购价格下限：“经济实惠”曲线与“太便宜”曲线相交的位置，代表消费者在不怀疑质量的情况下可以接受的最低价格。图 4-2 上显示为 6~10 元区间的下界，约为 8 元。

适购价格上限：“有点贵”曲线与“太贵了”曲线相交的位置，代表消费者愿意支付但不觉得价格太高的最高价格。图 4-2 上显示为 16~20 元区间的中点，约为 18 元。

（3）综合分析：

基于最优价格点和适购价格范围：

最优价格点：约 13 元是最能平衡用户对价格满意度的价格。

适购价格范围：8~18 元是合理的价格区间。

备 注

随堂笔记

该区间允许定价灵活变化，根据市场需求和目标客户定位，适当偏向低价（吸引性价比敏感客户）或高价（凸显高品质）策略。通过计算得到最优价格，可以在合理的价格区间内不断调试。

抓住定价的上述三个关键点，就可以把产品卖好吗？显然不是！产品定价的最高境界是，基于上述三个关键点及产品在用户心中的消费价值制定合理的价格，并以此达到产品利润最大化。

## 二、产品形象策略

产品形象策略是将产品作为载体，通过产品的名称描述、产品故事、包装外观、展示陈列、广告策略等一系列手段，使产品在用户心中形成强烈记忆点，它是产品内在的品质形象与外在的感官形象形成的统一性结果。

### （一）塑造产品故事

产品故事是产品设计的重要组成部分。讲述一个真实而生动的故事，可以让消费者产生更深刻的记忆，建立起消费者对产品的情感认同，进而促使消费者将产品加入其生活中。以下是五个产品故事写作要点。

（1）找到故事的核心：讲故事的第一步是找到故事的核心，也就是产品的特点和优势，了解产品的特点和优势，找到与消费者共鸣的故事情节。

（2）塑造故事情节：基于产品的特点和优势，构建一个能够吸引消费者注意力和情感共鸣的故事情节。故事情节应该生动、有趣、易于记忆，同时能够体现产品的特点和优势。

（3）创造品牌形象：故事情节不仅仅是为了宣传产品，更是为了创造品牌形象。一个好的故事情节能够让消费者对品牌有更深的认知和理解，并对品牌产生好感和信任。

（4）合理运用媒介：将故事情节转化为营销内容并通过多种媒介传播。如在产品包装上、广告宣传中、社交媒体和视频等渠道，以有趣的方式呈现产品的故事情节，吸引消费者的关注和购买。

（5）让消费者参与：让消费者参与到故事情节中。例如，通过问答互动、抽奖活动、种草等形式，让消费者参与产品的故事情节中，增加消费者与品牌的互动和忠诚度。

### （二）产品包装设计

1. 包装设计策略

（1）独特性和创意。独具一格、令人眼前一亮的包装设计，与众不同的外观，能够吸引目标受众的注意。引入新颖的形状、图案、颜色或材料，能

备　注

随堂笔记

够让产品在市场中脱颖而出。

（2）产品或品牌故事传达。包装设计是传达产品 / 品牌故事和核心文化价值的重要媒介，用以展示产品 / 品牌的独特理念、历史渊源、文化价值，与消费者建立情感联系，增强认可度。

（3）目标受众契合。深入了解目标受众的喜好、生活方式和价值观，与其审美和需求相契合。精准把握目标受众的心理需求，从而提升产品的市场吸引力。

（4）数字技术运用。利用二维码、AR 技术等数字元素，增加互动性和趣味性。消费者通过扫描包装获取更多信息、参与活动或虚拟体验，提升用户参与感和留存率。

（5）色彩心理学应用。选用符合品牌形象和能够引起目标受众情感共鸣的色彩，色彩的运用能够直接影响消费者的情感体验和购买决策。

（6）社交媒体整合。将包装设计与社交媒体相结合，设计出具有分享价值的元素。消费者在社交平台分享产品包装，扩大品牌曝光度，增强影响力。

2. 包装设计制作步骤

（1）确定风格，找参考。跟客户确定主题风格后浏览各大设计网站，寻找设计素材，不仅要看大量的同品类参考，还要多看其他品类的设计，只要感觉风格调性合适即可。很多创意点都是在这个过程中蹦出来的。

（2）提炼亮点。在众多参考中选出比较符合客户要求和产品的创意亮点，版式构图、插画和颜色都要分别列出，以免后续设计迷路跑偏。

（3）选配色，定版式。根据产品的不同口味选定视觉颜色，让产品更加醒目突出；用鲜明的颜色做出视觉差，可以用色块来完成，这个时候的版式也可以根据所用色块划分出来。

（4）产品信息分层级。根据产品信息划分层级大小，字体要根据调性选择，不要太夸张，一个包装上最好不要超过三种字体；信息要完整，突出卖点，增强识别度，最起码要让消费者知道商家卖的是什么产品。

（5）绘制插画。找出插画参考的特点和元素，最好用矢量风格绘画；注意不同口味的颜色替换，以符合整体调性；侧面的小图标可以在阿里巴巴矢量图标库中找，几乎都能找到。

（6）完善包装设计。延续主画面设计，遵循大小对比原则将信息排版好，延续不同口味的系列感。

（7）3D 展示，查漏补缺。需要注意调性的协调统一，需要用什么材质，怎样的材质适合在货架上更突出、更醒目。不同角度的展示更容易过稿。

备　注

随堂笔记

## 三、产品背书策略

消费者在购买商品时，面临功能、金钱、人身、心理、社会五种风险。因此，几乎所有消费者都缺乏安全感，倾向于怀疑大多数产品的自我宣传。如何消除消费者的犹豫，让消费者找到安全感，建立起对产品 / 品牌的信任度？最直接、最有效的方式是运用产品 / 品牌背书。

### （一）产品背书

商家借助第三方的知名度、美誉度、专业度、权威度做出对产品确定和肯定的行为，促使消费者对产品建立起一种信任认知，即产品背书。

### （二）常见产品背书方法

1. 名人代言

与知名明星、运动员或公众人物合作，让他们作为品牌形象的代言人，以利用其知名度和影响力。

2. 行业专家支持

邀请相关领域的专家、学者或意见领袖给予品牌背书，以增加品牌的专业性和可信度。

3. 用户推荐

基于用户的真实使用经验和满意度，引用其推荐言论或评价来背书品牌，增加其他潜在用户的信任感。

4. 社交媒体合作

与有影响力的社交媒体号或大 V 合作，让其在平台上推荐、展示或使用品牌相关产品，并给予正面评价。

5. 品牌联名合作

与另一个有影响力的品牌或品牌产品进行合作，共同推出特别版产品，以借用对方的品牌形象和受众。

6. 用户生成内容背书

鼓励用户通过社交平台分享使用品牌产品的照片、视频或评论，并通过品牌的官方渠道来展示、回应和背书用户生成的内容。

7. 专家合作推广

与在相关领域具有权威地位和专业认可的组织或机构合作，在其活动、会议、研究报告等场合进行品牌宣传和背书。

8. 媒体报道和采访

通过与媒体进行采访、发布新闻稿或获得媒体关注，将品牌与积极的媒体报道联系起来，以增强品牌的知名度和认可度。

备 注

随堂笔记

9. 地方性或社区合作

与当地组织、活动或社区进行合作，通过赞助、支持或参与社会责任项目来背书品牌，展示其对当地社区和环境的关注。

10. 权威测评认证

与相关技术、材料测评第三方权威机构出具认证报告，证明技术与材料的含金量、可信度。

## 拓展延伸

1. 专利申请

（1）专利类型。

文创产品可能涉及的专利类别主要取决于其具体的创意内容和技术特点。文创产品中使用的某种新型材料、独特的制作工艺或创新的设计方法等，如果符合发明专利的要求，都可以申请发明专利；如果文创产品的设计主要体现在产品的形状、构造或其结合上，且这些设计具有实用性，那么可以申请实用新型专利；如果文创产品的外观设计具有新颖性、独特性和美感，且能够应用于工业生产中，那么可以申请外观设计专利。

在撰写专利之前，首先要明确申请的专利类型，主要包括：

发明专利：针对产品、方法或其改进所提出的新的技术方案。这类专利需要具有原创性，涉及对基础的改进或创造。

实用新型专利：对产品的形状、构造或其结合所提出的实用的新的技术方案。这类专利侧重于对基础的利用设计，要求能够直接投入日常生活中的使用。

外观设计专利：对产品的形状、图案或其结合以及色彩与形状、图案的结合所做出的富有美感并适于工业应用的新设计。这类专利主要关注产品的外观美感。

（2）专利撰写的主要内容。

专利撰写的主要内容集中在权利要求书和说明书这两个文档上。

权利要求书：用于限定专利保护范围，同时也是专利审查员判断该发明是否具有新颖性和创新性的依据。权利要求书由一组权利要求（即权项）组成，至少有一项权利要求。权利要求中所描述技术特征的总和即是该发明的技术方案。

独立权利要求：记载解决技术问题的必要技术特征，是权利要求书文档的主体。

从属权利要求：对另一项权利要求的进一步限定，具有可选择性。

说明书：是对权利要求书的解释说明，应清楚、完整地公开要求保护的技术方案。说明书包括发明名称、技术领域、背景技术、发明内容、有益效果、附图说明和具体实施方式等部分。

备 注

随堂笔记

发明名称：简明扼要地表明发明的主题和类型，一般不超过25个字。

技术领域：简要叙述发明的涉及领域，便于专利审查机构分类。

背景技术：展开介绍本发明相关的应用背景、现有技术的优缺点，以及本发明的创新性和新颖性。

发明内容：照抄权利要求书的全部内容，明确发明要解决的技术问题。

有益效果：说明本发明的创新性与新颖性，以及相对于现有技术的优点和效果。

附图说明：对说明书附图中所有编号对应的名称进行说明，帮助理解发明的每个技术特征和整体技术方案。

具体实施方式：详尽说明本发明所属技术特征的技术方案，证明专利的可行性。

（3）撰写步骤和注意事项。

分清专利类型：根据发明的性质选择适合的专利类型。

准备材料：根据专利类型准备相应的申请材料，如专利请求书、说明书、权利要求书、说明书附图等。

撰写权利要求书：在明确发明内容的基础上，撰写独立权利要求和从属权利要求，确保权利要求的清晰、准确和完整。

撰写说明书：按照说明书的要求，详细阐述发明的技术领域、背景技术、发明内容、有益效果、附图说明和具体实施方式等部分。

注意格式和排版：遵循专利局规定的格式和排版要求，确保申请文件的整洁、清晰和易读。

避免常见错误：如逻辑不一致、技术术语表述不清、权利要求与说明书不一致等。

（4）专利审查流程。

专利审查流程一般包括申请、受理、初步审查、实质审查（对于发明专利和实用新型专利）、授权或驳回等阶段。在审查过程中，专利局会对申请文件的合法性、新颖性、创造性和实用性等方面进行评估。

总之，专利撰写是一个需要综合考虑技术、法律和写作技巧的过程。在撰写过程中，需要明确专利类型、准备相关材料、遵循撰写要求和格式规范，并注意避免常见错误。同时，了解专利审查流程有助于更好地准备和应对审查过程中的挑战。

2. 著作权登记

著作权登记是指著作权有关当事人依照法律规定，向登记机关申请，将

备　注

随堂笔记

作品及其权刊登载于登记簿的行为。以下是对著作权登记的详细介绍：

（1）著作权登记的分类。依登记是否取决于自愿，著作权登记可以分为强制登记与自愿登记。

强制登记：在采用注册登记制度的国家，著作权的产生以强制登记为条件。同时，在采用自动保护制度的国家，有时法律也要求在著作权出质时必须办理登记。

自愿登记：我国实行著作权自愿登记制度，企业可以依法就文字作品、美术摄影作品、工程和产品设计图纸及说明等向各地版权局申请登记，取得版权局颁发的登记证书，作为享有著作权的有效凭证。

（2）著作权登记的意义。

明确权利归属：作品创作的过程复杂，如委托创作、法人作品、职务作品等，需要有一个法律确认过程，以减少相关权利纠纷。

作为权利证明：在著作权人被侵权需主张自己的权利时，登记的事项可作为拥有权利的初步证明。在诉讼中，著作权证书可起到类似权属证据的作用，司法实践中已将著作权证书作为证据采用。

保护经济利益：随着著作权保护意识的提高，使用者在取得授权时，需要对方提供相应的证明，以减少经济风险。在网络环境中，常常会出现难以确定权利人的情形，如果取得版权登记证书，问题就容易解决。

（3）著作权登记流程。著作权登记流程一般包括以下步骤：

准备材料：申请人需要准备完整的著作权登记申请材料，包括作品著作权登记申请表、申请人的身份证明、权利归属证明、作品的样本（可以提交纸质或者电子作品样本）、作品说明书（从创作意图、创作过程、独创性三方面写，并作者签字）等。

提交申请：申请人可以通过邮寄方式或亲自前往著作权登记机构提交申请。

核查接收材料：登记机构对提交的材料进行核查，如材料齐全且符合要求，则接受申请。

通知缴费：登记机构通知申请人缴纳登记费用。

缴纳费用：申请人按照要求缴纳登记费用。

受理申请：登记机构受理申请后，进行审查。

制作发放登记证书：审查通过后，登记机构制作并发放著作权登记证书。

公告：登记机构将著作权登记信息进行公告。

（4）著作权登记的材料要求。著作权登记的材料要求可能因地区和登记机构的不同而有所差异，但一般包括以下内容：

备 注

随堂笔记

申请表：内容包括作品名称、作品类别、署名、完成日期、是否发表、首发日期和地点等。

身份证明：个人申请者提供身份证复印件，单位申请者提供营业执照副本复印件，创作人员提供身份证复印件。

作品样本：如文字作品提供创作稿，美术、摄影作品提供照片，工程产品设计图纸提供三视图、效果图或实物照片，影视作品提供 VCD 等。

作品创意说明：对作品的创作意图、创作过程、独创性等进行说明。

其他材料：根据实际情况选择提交，合作作品附合作作者委托书，委托作品附委托合同或专有权许可使用合同等。

综上所述，著作权登记是著作权保护的重要手段之一，通过登记可以明确权利归属、提供权利证明、保护经济利益等。在进行著作权登记时，需要了解登记流程，准备相关材料并遵循相关规定。

## 四、产品服务策略

服务策略是企业在竞争激烈的市场中赢得顾客、留住顾客并通过良好的顾客体验推动业务增长的关键。以下是如何让顾客满意并建立有效的竞争机制的几个关键步骤：

如何让顾客满意、理解顾客需求，首先必须充分理解他们的需求。通过市场调研、顾客反馈、顾客行为数据等方式，精准捕捉顾客的痛点和期望，并据此优化产品和服务。

定期调研：通过调查问卷或 NPS（净推荐值）等工具，了解顾客对产品和服务的评价。

个性化服务：根据不同顾客群体的需求，提供定制化、个性化的服务，增强顾客的忠诚度和满意度。

提供优质产品和服务：顾客的满意度源于他们对产品和服务的真实体验。提供高质量的产品和超出顾客期望的服务，是保持顾客满意的核心。

持续改进：通过持续的研发和优化，确保产品质量过硬，符合市场和顾客的期望。

快速响应：当顾客遇到问题时，迅速响应和解决问题会显著提升顾客的满意度。

建立强大的售后支持体系：优秀的售后服务不仅可以挽回潜在的不满情绪，还可以增强顾客对品牌的信任，为顾客提供多渠道的支持，并确保问题能够迅速、有效地解决。

备 注

随堂笔记

多渠道客服：通过电话、邮件、社交媒体、线上客服等多种方式，让顾客能够方便地联系到商家。

问题跟进与解决：确保每一名顾客的问题都能得到及时解决和有效跟进，给顾客一种被重视的感觉，创造卓越的顾客体验。在与顾客的每一次互动中，都应该尽量提升他们的体验，让每一个接触点都能够给顾客留下良好的印象，形成积极的品牌形象。

培训员工：员工是与顾客互动的关键，确保前线员工经过专业培训，拥有良好的沟通能力和服务意识。

体验优化：通过优化门店布局、简化线上流程、提升交互设计等方式，增强顾客的整体体验。

## 任务实施

1. 制定产品定价策略

（1）任务概述。文创产品定价是文创产品市场营销中非常关键的一环，合理的定价不仅能帮助产品顺利进入市场，还能确保企业实现盈利。各初创团队应依据下列实施步骤为团队设计的文创产品制定合理的销售价格。

（2）任务目标。

培养市场分析能力：通过调研和分析市场，理解消费者需求、竞争对手情况以及市场定价趋势。

掌握文创产品定价的基本方法：了解并运用成本加成定价法、市场导向定价法等常见定价策略。

提高综合决策能力：在产品定价过程中，考虑成本、价值、竞争和品牌等多方面因素，做出合理的定价决策。

（3）实施步骤。

①市场调研。

任务：分组进行市场调研，了解文创产品的市场需求、消费者偏好、竞争对手定价等信息。

方法：采用问卷调查、访谈、网络数据收集等方式。

成果：形成市场调研报告，包括消费者需求、竞争对手定价策略、市场趋势等分析。

②成本分析。

任务：计算文创产品的生产成本，包括材料成本、人工成本、设计成本等。

方法：根据产品实际情况，详细列出各项成本，并进行汇总。

备 注

随堂笔记

成果：形成成本分析报告，明确文创产品的成本构成和总成本。

③ 定价方法应用。

任务：根据市场调研和成本分析结果，选择合适的定价方法，为文创产品制定定价策略。

成本导向定价法：适用于对成本有明确把控的产品，确保基本盈利。

竞争导向定价法：适用于市场竞争激烈的产品，参考竞争对手定价，保持竞争力。

顾客导向定价法：适用于市场需求变化快、消费者偏好明显的产品，根据消费者心理和需求定价。

策略：结合产品特点和市场情况，灵活运用定价方法。

成果：形成定价策略报告，包括定价方法、定价依据、预期价格等。

④定价策略调整与优化。

任务：根据市场反馈和销售数据，调整和优化定价策略。

方法：定期收集销售数据，分析价格对销量的影响，根据市场变化及时调整价格。

成果：形成定价策略调整报告，包括调整原因、调整后的价格、预期效果等。

（4）评估标准。

调研深度：市场调研的全面性和竞争分析的精确性。

成本计算准确性：生产成本、间接成本及定价策略选择是否合理。

定价策略的合理性：定价是否符合市场需求和目标消费群体。

销售预测的可行性：定价模拟及销售预测的实际性和数据支持。

报告展示的完整性：报告的逻辑性和表达的清晰度，能否合理阐述定价决策过程。

备　注

## 任务 3　制定品牌策略

### 任务知识

#### 一、产品的品牌化

作为消费者，我们每天都在和各种品牌打交道。可曾经想过，品牌到底有什么意义？为何每一款产品都急需建立自己的品牌？

品牌就像是一个人的名声，一个好的品牌可以为产品带来无数新客户，也可以让老客户忠诚度大大提高。因此，品牌对于每一款产品的成功至关重要。

随堂笔记

首先，品牌可以减少消费者的选择难度。市面上产品种类繁多，我们很难对每款产品都做深入了解后再进行选择。但是，我们在看到一个熟悉的品牌时，就已经默认这个品牌过去的产品质量和口碑，从而直接信任这个品牌，购买它的新产品。这大大简化了我们的选择过程。

其次，品牌可以给消费者信心和安全感。一个有口碑的品牌，代表它的产品经过了市场的考验，质量和服务都达到了消费者的标准。这样，每一名消费者在购买时就可以放心大胆，没有后顾之忧。

最后，品牌可以在用户和产品之间建立情感纽带。用户对品牌的喜爱和认同，会转化为对产品的喜爱和认同，从而形成品牌忠诚度。这种忠诚度的形成，让用户在后续购买时会第一时间想到这个品牌，为品牌带来源源不断的新客户。

总之，品牌的力量不容小觑。对于任何一款产品来说，品牌都意味着市场的生存和收益。品牌的成功，也常常能决定一款产品的成功。对此，每个企业都应该花时间和心血，塑造属于自己的品牌，因为一个品牌可以彻底改变一款产品的命运。

## 二、品牌设计的关键节点

品牌全案设计的流程包含前期调研、品牌定位、品牌符号建设、品牌传播策略、品牌管理维护五个部分。本文节选品牌设计关键节点任务进行学习与实操。

### （一）品牌定位

品牌愿景和使命：明确品牌的长远目标和核心价值观。

品牌个性：定义品牌的个性特征如温暖、专业、创新等。

独特卖点：确定品牌独特之处，是什么让你的品牌与众不同。

### （二）品牌命名

命名策略：选择一个易于记忆、与品牌定位相符的名称。

域名和商标注册：确保所选名称可用并能进行注册。

### （三）视觉识别系统（VI 识别系统规范）

标志设计：设计一个代表品牌的标志，传达品牌的核心价值。

色彩和字体：选择合适的色彩方案和字体，以保持一致性。

视觉元素：设计其他视觉元素，如图案、图形等。

应用使用延展：系统规划并统一设计应用物品。

### （四）品牌故事

1. 品牌 / 产品故事重要性

品牌故事设计是构建品牌身份和增强消费者情感联系的关键策略。一个

备 注

随堂笔记

精心设计的品牌故事不仅能够传达品牌的核心价值观和使命，还能够激发消费者的共鸣，从而在竞争激烈的市场中脱颖而出。

品牌故事设计的核心在于创造一个有说服力的叙述，这个叙述要能够反映品牌的独立性，同时能够触动目标受众的情感。一方面，品牌故事设计需要深入了解品牌的起源、发展和未来愿景。这包括品牌的创立背景、创始人品牌的成长历程以及品牌理念。这些元素共同构成品牌故事的骨架，为品牌故事提供真实性和可信度。另一方面，品牌故事设计要考虑目标受众的需求和期望。了解受众的价值观、生活方式和消费习惯，可以帮助品牌创造一个更加贴近受众心理的故事。

2. 故事构建框架

要创造一个有效的品牌故事，我们可以遵循以下万能框架。

（1）起源与背景。

· 品牌诞生的历史背景

· 创始人的愿景和动机

· 品牌成长的关键时刻和转折点

（2）挑战与克服。

· 面临的主要挑战和困难

· 如何克服这些挑战，展现品牌的韧性和创新精神

（3）核心价值与信仰。

· 品牌的核心价值观和信条

· 这些价值观如何在产品或服务中得到体现

· 品牌对社会和环境的责任与承诺

（4）人物与客户的关系。

· 品牌中的关键人物和他们的故事

· 客户与品牌之间的互动和关系建设

· 真实案例或客户评价，展示品牌的影响力

（5）愿景与未来。

· 品牌对未来的展望和梦想

· 持续发展和创新的计划

· 品牌给消费者和社会带来的长远影响

## 三、品牌传播及销售渠道选择

渠道指让产品和服务到达消费者手上的路径，因此，渠道策略目的是

备　注

激活通路，让产品触手可及。渠道策略的实质是争夺或者构建渠道话语权的过程。如果说品牌的目的是让“产品好卖”，渠道的目的即是“把产品卖好”。

**（一）何为渠道策略**

渠道策略是通过各种销售渠道，把产品高效地送到消费者手里而建立的策略方针。

直接渠道或间接渠道：直接渠道指的是没有任何中间商参与，由生产者直接将产品销售给消费者；间接渠道是指通过中间商将产品送达消费者手中；

长渠道或短渠道：长渠道指的是经过至少两道中间环节才能抵达消费者手中；短渠道指的是不用经过多环节，一般只经过一道中间环节即可到达消费者手中。

宽渠道或窄渠道：宽渠道指的是在某个环节生产者选择至少两个同类中间商销售自身产品，窄渠道指的是在销售产品中只选择一个中间商。

单一营销渠道和多营销渠道：单一营销渠道指的是只使用其中一种渠道营销，多营销渠道指的是选择两种以上的营销模式。

**（二）常见渠道组成及特点**

1. 自营渠道

组成：直营连锁门店；加盟连锁门店。

特点：①直营：管理执行到位、可控、毛利高，但开店速度慢、管理投入大、管理半径有限制，②加盟：拓展快，但总体掌控力度彻底贯彻难、单店毛利低。

2. 流通渠道

流通渠道适用于就近购买的产品，渠道面要够广、够深。

①高端流通渠道，如新零售渠道、精品超市等。

②现代渠道，如便利店、卖场、超市。

③大流通渠道，如杂货店、农贸店等。

3. 电商渠道

特点：电商渠道竞争最为激烈，渠道利润无限接近盈亏平衡线。

4. C2C 渠道

组成：微商、电商 / 社交平台中的个体经营者。

特点：核心是一种基于社交属性的产品销售渠道，更适用于刚需、高频、高毛利产品。

随堂笔记

备 注

随堂笔记

5. 行业渠道

行业渠道即行业垂直类渠道，如保健品、医药类产品中的OTC渠道，化妆品销售中的CS渠道。

## 拓展延伸

1. 保健品、医药类产品中的OTC渠道

OTC渠道，即非处方药销售渠道，是指那些不需要医生开具处方，消费者可以直接在药店、超市、便利店等零售终端购买药品的销售途径。以下是对OTC渠道特点进行详细的分析。

便捷性：OTC药品的购买简单便捷，消费者可以随时随地到药店或零售终端自行购买，无须医生的介入，省去了排队等候的时间。

自我药疗：OTC药品多用于一些常见病、多发病的自我治疗，如感冒、咳嗽、发热、疼痛等症状，消费者可以根据自身需要和药品说明书自行使用。

广泛性：OTC药品的销售范围广泛，不仅限于药店，还可以在超市、便利店等零售终端销售，为消费者提供了更多的购买选择。

2. 化妆品销售中的CS渠道

化妆品CS渠道是指化妆品在终端销售中，由化妆品店、日化店、精品店等构成的销售网络系统。这一渠道专注于化妆品及相关美容产品的销售，是化妆品行业重要的销售渠道之一。以下是对化妆品CS渠道特点进行的详细分析。

专业性：CS渠道的销售人员通常都经过专业培训，具备与化妆品相关的专业知识和销售技巧，能够为消费者提供专业的产品咨询和推荐。

针对性：这一渠道能够精准定位目标客户群体，即那些对美容护肤有较高关注度和需求的消费者，从而提供更具针对性的产品和服务。

品牌丰富：CS渠道通常汇集多个化妆品品牌，包括国内外知名品牌和新兴品牌，为消费者提供多样化的选择。

体验式营销：CS渠道注重消费者的购物体验，通过提供皮肤检测、皮肤咨询等体验式服务，增强与消费者的互动和黏性。

备　注

6. 特殊通路渠道

组成：如交通场站、景点名胜等面向特定人群的渠道。

通常，一个运营团队只需要维护优化好1~2个核心渠道，就能给公司创造巨大价值。

随堂笔记

### （三）渠道策略的规划

第一，找组合：找到品牌的独特渠道组合。

第二，明次序：明确品牌独特渠道的进入次序。

渠道排序打分项

成本：打算投多少钱？

定向：能否有效接触消费者？

控制：可控性如何，可操作范围有多大？

时间投入：需要投入多少时间才能对外发布？

规模：覆盖范围有多大？

（单项 1~10 分，每个渠道按总分由高到低排序）

第三，确定任务：明确不同渠道对品牌产品承担的战略任务。

渠道组合策略：决定渠道体系建设，直接渠道还是间接渠道，长渠道还是短渠道，单渠道还是多渠道，传统渠道还是垂直渠道。渠道组合要根据产品特性、人群特性、品牌特性进行选择。

渠道管理策略：渠道分级 / 区域市场分级，分级管理，配置资源。偏重线下的品牌，还需制定渠道形象策略和陈列策略。

渠道激励策略：推拉结合，如何给渠道让利，销售如何奖罚，营销怎么扶持。

## 四、品牌及产品传播推广策划

### （一）传播策划撰写思路

1. 背景分析

目的：品牌曝光、产品推广、转化。

参考：同行传播推广方案分析。

2. 传播策略

谁来说：媒体，主持。

传播渠道：自媒体、第三方。

3. 传播执行

预热期：时间、物料、渠道、人员。

爆发期：时间、物料、渠道、人员。

回顾期：时间、物料、渠道、人员。

4. 传播预算与 KPI

传播预算包括总预算、分渠道预算、资源预算，KPI 包括曝光、互动、转化率。

备 注

随堂笔记

## （二）产品推广策划要点

1. 企业视角

（1）竞品调研。充分的市场分析与竞品调研，可以找到产品和服务的市场定位与产品定位。

（2）产品优势。通过与竞品对比后，精准找到产品的优势和卖点。

（3）用户画像。找到目标受众，进行用户画像与痛点分析，进行有针对性的用户营销决策。

（4）场景化宣传。围绕场景进行产品优势与卖点的宣传，通过可感知的场景化营销更容易触达潜在用户。

（5）讲好故事。通过讲故事的方式来阐述品牌与产品的价值观，可以更好地建立与目标受众的价值认同与情感连接。

（6）强化体验。只有不断升级产品体验与提升用户服务，才可以保证有效用户黏度（忠诚粉丝）与持续复购。

（7）传播分享。只有通过有效的传播策略与投放机制，将媒介 + 内容 + 产品一体化，才可以更好地放大产品与品牌的全链路传播及转化，进一步激发用户的自发分享。

2. 用户视角

（1）场景。

策划分析点：激活用户需求场景的关键点是什么？

用户典型心理路径：我会在某个时间、某个地方用到该产品。

（2）动机。

策划分析点：用户在场景下想要做什么？

用户典型心理路径：我很想去。

（3）痛点。

策划分析点：用户为什么想做这件事？他期待着怎样的结果？

用户典型心理路径：这样我就可以……

（4）瘾点。

策划分析点：当这件事做完后，用户的情绪状态将是怎样的？

用户典型心理路径：这样会让我觉得……

（5）晒点。

策划分析点：当用户做完这件事后，其他人怎么样看？

用户典型心理路径：这样其他人会认为我……

备　注

随堂笔记

## 任务实施

1. 制定品牌策略

（1）任务概述。文创产品的品牌策略制定是一项综合性的任务，涉及品牌定位、目标市场分析、品牌传播方式等多个方面。设计团队应围绕核心文创产品制定品牌策略。

（2）任务目标。

培养品牌策划能力：了解如何根据市场需求、文化背景、消费者行为等要素，制定具有市场竞争力的品牌策略。

提升市场分析与定位能力：学习如何通过市场调研、竞争分析、消费者分析等方法，明确品牌定位。

加强品牌传播与推广能力：学习如何选择合适的传播方式，设计品牌传播策略，增强品牌影响力。

（3）实施步骤。

①品牌市场调研与竞争分析。

任务描述：学生需要进行文创产品的市场调研，分析潜在消费者的需求，研究竞争品牌的特点，并对市场趋势做出判断。

目标市场分析：确定品牌面向的主要消费者群体（年龄、性别、收入、兴趣等）。

竞争分析：选择 3~5 个同类品牌，分析它们的市场表现、品牌定位、定价策略、产品特点、传播方式等。

趋势分析：根据文创行业的趋势报告，分析市场上文创产品的流行趋势、消费者行为变化等。

②品牌定位与文化价值提炼。

任务描述：根据市场调研结果，学生需要确定文创产品的品牌定位，并提炼其文化价值和独特卖点。

品牌定位：明确品牌的市场定位，确定品牌的核心价值、目标消费者以及差异化竞争优势，例如，是强调文化深度、工艺精湛，还是突出现代设计感。

文化价值提炼：结合产品的文化背景，提炼出品牌的文化内涵（如传承、创新、环保等）。

品牌愿景与使命：制定品牌的愿景和使命，明确品牌的长期目标和短期策略。

备　注

随堂笔记

③品牌名称、标志设计与视觉形象。

任务描述：学生需要根据品牌定位，设计品牌名称和标志，并确定品牌的整体视觉形象风格。

品牌名称：设计一个简洁、易记、具有文化内涵且符合品牌定位的名称。

标志设计：设计一个能够体现品牌文化并具备较强识别度的 Logo，考虑色彩、字体、图形等元素的搭配。

品牌视觉形象：根据品牌定位，设计一套品牌视觉形象，包括品牌色调、字体、图标等，以确保品牌形象的统一性。

**品牌基础信息**

| | |
|---|---|
| 品牌名称 | |
| 品牌寓意 | |
| 品牌标志 | |
| 品牌定位 | |
| 品牌口号 | |
| 品牌理念 | |
| 品牌故事 | |
| 目标人群特征 | |
| 情感利益 | |
| 功能利益 | |

**品牌整体印象**

| |
|---|
| 1. 品牌最大的 1~2 点优势是什么： |
| 2. 品牌希望得到消费者最多的评价是： |
| 3. 希望在消费者心目中是什么样的品牌： |
| 4. 明确的对标品牌（产品相似的、目标对象相似的等）有哪些： |
| 5. 希望品牌与消费者沟通的语言风格：（3 个形容词描述） |
| 6. 品牌产品使用者的人物形象描述：（职业、偏好、生活方式等） |

备　注

④品牌传播策略制定。

任务描述：学生需要设计一套品牌传播策略，选择合适的渠道和方式来推广品牌，提高品牌的市场知名度和影响力。

传播目标：明确品牌传播的目标，如提高品牌知名度、增强消费者忠诚度、提高销售额等。

传播渠道选择：根据目标市场的特点，选择合适的传播渠道。可以考虑线上（社交媒体、短视频平台、品牌官网等）、线下（展览、活动、合作推广等）和其他渠道（如 KOL 代言、合作营销等）。

传播方式：设计具体的传播活动或策略，如内容营销、品牌故事、情感营销、社交媒体互动等。

传播预算与效果评估：确定传播预算，并设计传播效果的评估方式，如通过数据分析（点击率、参与度、转化率等）来判断传播效果。

| | |
|---|---|
| 渠道分析 | |
| 渠道选择 | |
| 渠道任务划分 | |

| | 渠道 1 | 渠道 2 | 渠道 3 |
|---|---|---|---|
| 投入资金成本 | | | |
| 投入时间成本 | | | |
| 覆盖用户范围 | | | |
| 可控性、可操作性 | | | |
| 总计得分 | | | |

⑤品牌推广计划与实施。

任务描述：学生需要制订品牌推广的具体计划，并考虑如何通过一系列的市场活动实现品牌的快速推广。

推广活动设计：设计一项品牌推广活动（如线上促销活动、限时折扣、主题展览、合作营销等），帮助品牌在市场中建立初步影响力。

推广方案的实施：制定推广活动的具体实施步骤，包括时间安排、人员分工、资源调配等。

推广效果评估：设计活动后期效果评估的方法，如通过数据分析、消费者反馈等来评估推广效果，并据此调整后续的品牌策略；提交一份推广计划，内容包括活动策划、实施步骤、资源规划、效果评估等。

⑥品牌危机管理与品牌延伸策略。

任务描述：学生需要思考如何应对可能的品牌危机，以及如何通过品牌延伸（如新产品线、新市场）来拓展品牌影响力。

品牌危机管理：考虑可能影响品牌形象的危机情况，并制定危机应对策略，例如处理消费者投诉、负面新闻等。

品牌延伸策略：设计一种品牌延伸策略，帮助品牌拓展到新的产品线或市场，比如文创品牌是否可以从单一产品延伸到周边产品、跨界合作等。

⑦品牌战略汇报与展示。

任务描述：学生需要将所有的品牌策划和策略整合成一份完整的品牌战略报告，并进行汇报展示。汇报时，展示品牌的市场调研、定位、文化价值、

随堂笔记

备 注

随堂笔记

品牌传播、推广策略、危机管理等内容。展示中，学生需要清晰、有逻辑地阐述品牌策划的全过程，并能够根据听众的反馈进行相应的调整或解答。

⑧评估标准。

市场调研深度：调研是否全面，数据分析是否充分，是否能提炼出有价值的信息。

品牌定位合理性：品牌定位是否符合市场需求和消费者心理，文化价值提炼是否准确。

品牌设计：品牌名称、标志、视觉形象是否具有辨识度，是否符合品牌定位。

传播策略创新性：品牌传播策略是否符合目标受众的需求，传播渠道和方式是否有效。

推广计划实施性：推广计划是否具有可操作性，活动效果评估方法是否合理。

汇报展示效果：汇报内容的完整性、逻辑性和表达清晰度。

## 任务 4　财务预测与分析

商业运营过程中，财务相关内容是非常重要的一部分，它不仅能够帮助创业者规划资金使用和预测业务的财务状况，还能够向潜在投资者展示项目的盈利潜力、财务可行性和风险管控能力。以下是创业计划书中财务部分的常见内容和要求。

1. 启动资金需求

目的：明确创业初期所需要的资金规模和资金来源，为项目的资金需求做出详细规划。

启动资金概述：列出项目启动所需的总资金，并详细说明每一部分的资金用途，例如办公场地、设备购置、原材料采购、市场推广、人员招聘、法律和行政费用等。

资金用途细分：将启动资金按不同类别进行细分，确保资金使用合理且透明，例如产品研发 ××× 元、办公设备 ××× 元、市场营销 ××× 元、招聘与薪资 ××× 元、流动资金 ××× 元。

资金来源：说明资金的来源，包括自有资金、银行贷款、外部投资、融资等，说明资金筹集的途径和时间节点。

2. 收入预测

目的：对未来的收入进行预估，展示企业的盈利潜力和市场吸引力。

备　注

随堂笔记

产品 / 服务定价：明确项目产品或服务的定价策略及定价依据，可以依据市场调研、竞争对手定价和成本结构来制定合理价格。

销售预测：基于市场调研数据和营销计划，估算未来的销售量，并计算销售收入，例如每月 / 每季度的销售量预估、单个产品或服务的售价、预计的总收入（单位销售量 × 单价）。

销售渠道与收入分布：说明各个销售渠道（如线上电商、线下零售、直销等）的收入贡献，帮助理解各个渠道的盈利能力。

3. 支出预算

目的：详细列出企业运营过程中预期的支出，确保资金使用透明并能够控制支出。

固定成本：列出不随生产或销售波动而变化的支出项目，例如办公室租金、固定员工薪资、保险和税务、设备折旧。

变动成本：随着业务活动变化而变化的支出项目，例如原材料采购、销售人员提成、包装和物流费用。

营销和推广成本：如广告费、市场调研、促销活动等的预算。

研发成本：如果项目涉及技术研发或产品开发，应包括相关支出，如开发人员薪资、设备采购、技术合作费用等。

4. 现金流量预测

目的：预测企业未来现金流入和流出的情况，确保公司在任何时间都能保持足够的流动资金应对日常运营。

现金流入：基于销售收入、融资资金等，列出未来一段时间（如月度、季度、年度）的现金流入预期。

现金流出：列出企业运营过程中所有的支出（如固定支出、变动支出、投资支出等）。

现金流预测表：展示未来几个月或几年的现金流情况，帮助投资者了解企业是否能维持健康的现金流，避免资金链断裂。

5. 盈亏平衡分析

目的：计算盈亏平衡点，即企业开始盈利所需的最低销售额，帮助投资者判断企业在何种销售条件下能够实现盈亏平衡。

固定成本：总结企业的固定成本，如租金、薪资、保险等。

单位产品贡献毛利：单位产品的售价减去单位变动成本，即每卖出一单位产品所获得的毛利。

盈亏平衡点计算：通过以下公式计算盈亏平衡点，即盈亏平衡点（单位）

备 注

随堂笔记

=固定成本/单位产品贡献毛利。

盈亏平衡点分析：描述达到盈亏平衡点所需的销售量、销售收入，并分析该销售量是否符合市场实际情况。

6. 财务报表预测

目的：提供三张主要财务报表的预测（损益表、资产负债表、现金流量表），为投资者提供项目的财务健康状况。

①损益表（利润表）：

收入：来自销售的总收入。

成本：生产或提供服务的直接成本。

毛利：收入减去成本。

运营费用：包括销售、管理、研发等费用。

净利润：毛利减去运营费用后的结果。

②资产负债表：

资产：包括流动资产（如现金、应收账款）和固定资产（如设备、房产等）。

负债：包括短期负债（如短期贷款、应付账款）和长期负债（如长期贷款）。

股东权益：公司所有者的资本和未分配利润。

③现金流量表：

现金流入：包括销售收入、融资资金等。

现金流出：包括经营支出、投资支出等。

净现金流：现金流入减去现金流出的结果。

7. 融资计划与资金使用计划

目的：向投资者说明所需融资金额、融资方式以及资金的具体使用计划。

融资需求：详细说明项目所需融资的金额和资金的用途（如研发、市场推广、生产等）。

融资方式：描述融资方式，如股权融资、债务融资等，说明每种方式的预期回报或还款计划。

资金使用计划：明确资金的使用方向和比例，以确保投资者了解资金使用的透明度。

备 注

## 模块小结 任务实施情况综合评价

1. 技能点评价表

使用说明：按评价指标评价项目技能点成绩，满分为 100 分。其中，作品文案占 60 分，展示陈述占 40 分；教师评价占 70%，学生互评占 30%。

| 技能点评价指标 | | 分值 | 得分 |
|---|---|---|---|
| 作品文案 | 产品定价策略的制定 | 10 | |
| | 产品包装及产品故事的制定 | 10 | |
| | 产品专利或著作权登记的申请 | 20 | |
| | 品牌策略、渠道策略、推广策略的制定 | 20 | |
| 展示陈述 | 演讲专业程度 | 10 | |
| | 语言技巧与非语言技巧 | 10 | |
| | 团队合作配合程度 | 10 | |
| | 时间分配 | 10 | |

2. 素质点评价表

使用说明：按评价指标评价项目素质点成绩，优秀为 5 分，良好为 4 分，一般为 3 分，合格为 2 分，不合格为 1 分。评价分为学生自评与小组成员互评。

| 评价对象 | 素质点评价指标 | 分值 | 得分 |
|---|---|---|---|
| 学生自评 | 团队协作能力 | 5 | |
| | 交流沟通能力 | 5 | |
| | 信息素养与学习能力 | 5 | |
| | 独立思考与创新能力 | 5 | |
| 学生互评 | 成员姓名 | 得分 | |
| | | | |
| | | | |
| | | | |
| | | | |
| | | | |

注：①团队协作能力，指能态度端正积极参与小组讨论，遵循小组任务分配，合作完成项目；②交流沟通能力，指能良好地表达自己的观点，善于倾听他人的观点；③信息素养和学习能力，指善于搜集并借鉴有用的信息、好的思路和想法；④独立思考与创新能力，指能提出新的想法、建议和策略。

随堂笔记

备　注

# 模块五

# 创业计划书的制定与路演

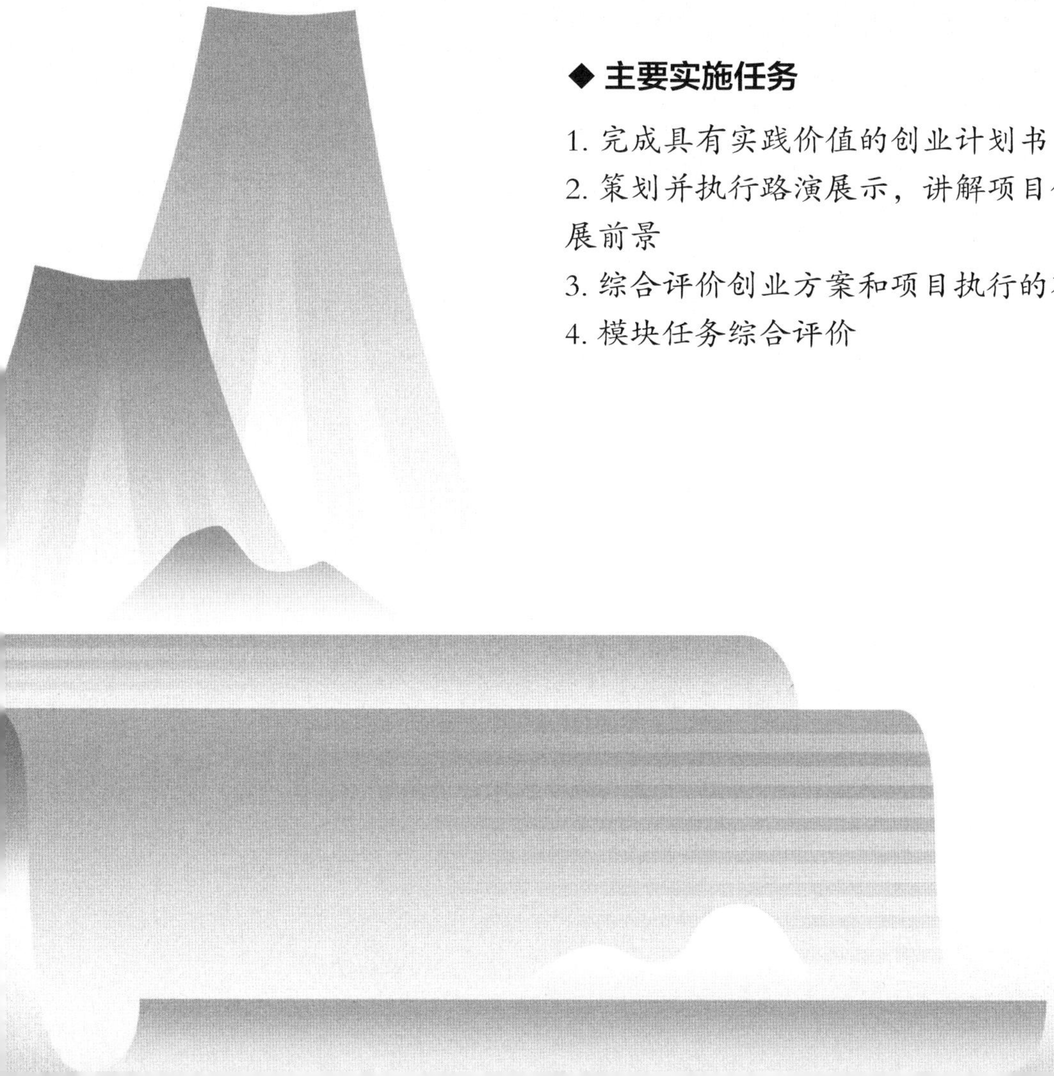

### ◆ 主要知识内容

1. 创业计划书的基本框架与撰写技巧
2. 项目展示与路演的表达策略及技巧
3. 商业模式验证及资源整合的实操经验

### ◆ 主要实施任务

1. 完成具有实践价值的创业计划书
2. 策划并执行路演展示，讲解项目优势与发展前景
3. 综合评价创业方案和项目执行的有效性
4. 模块任务综合评价

随堂笔记

## 学习目标

掌握创业计划书的编写及路演展示技巧，整合创意资源，完善商业模式，并通过实践锻炼创新创业能力，推动项目的落地与商业化发展。

# 任务1　撰写创业计划书

## 任务知识

### 一、创业计划书概述

1. 创业计划书的概念

创业计划书是文创公司或项目团队为了招商融资或其他发展目标，在前期对项目进行科学调研、搜集与整理有关资料并分析的基础上，按照一定的内容、格式要求所编写的向投资者全面展示公司和项目目前状况、未来发展潜力的书面材料。文化创意创业计划书同样也以书面的形式全面描述文化创意公司业务，包括立足的文化特色、提供的产品服务、生产工艺、市场和客户、营销策略、人力资源、组织架构、对基础设施和供给的需求、融资需求，以及资源和资金的利用等诸多方面。

2. 创业计划书的作用

无论是把文化创意转变成盈利模式，还是对现有公司进行重组改革，都离不开计划书。在创业之初，一份完善的创业计划书不仅可以帮助创业者分析创业过程中的主要影响因素，还可以成为创业者在创业过程中的行动指南和风险监控手段。

具体来说，计划书可以起到以下几方面的作用。

（1）全面认识自身产品或公司。

通过制订相应的商业计划，创业者会对自己公司的各个方面形成全面的了解，同时理解商业机会的本质。在制订计划的过程中，创业者可以更全面地分析目标市场的潜力和风险、竞争环境，以及财务需求。计划书的制定能使创业者协调各个方面，未雨绸缪。

（2）吸引投资人拿到融资。

一份高质量的创业计划书同时也是公司获取投资的一块“敲门砖”。对于金融机构融资，严谨全面的创业计划书在公司获得贷款支持方面起到相应的作用。

备　注

随堂笔记

（3）向合作伙伴提供信息。

使用计划书能够增强创业者对自身公司情况介绍的表述能力，在对外发展时为业务合作伙伴和其他相关机构提供信息。

（4）参加创业大赛项目评选。

计划书可以作为文创项目成果展示的一种形式，让评委更加清晰地了解参赛创业项目的具体信息，同时可以吸引评委对自己的项目进行投资。

3. 创业计划书的类型

根据目的的不同，创业计划书有不同的形式。不同计划类型之间最大的差异是长度和详细程度。

（1）普通创业计划书。

如果需要外部资金，创业计划书的对象就是股权投资者或贷款人，其篇幅为 25~40 页。这类计划书适用于对新员工的招揽，有助于向新供货商、新客户等利益相关方宣传公司价值。创业者需要认识这些利益相关方，尤其是像风险资本家和专业贷款人等专业股权投资人。

（2）操作计划书。

操作计划书主要针对创业者和整个创业团队，用于引导项目的筹备、启动和初期增长。这类计划书没有页数的特别规定，但通常都超过 80 页。这类计划书与前一类计划书的基本格式相同，不同的是操作计划书要更为详细。通过这些详尽的筹划，创业者能够真正深入理解问题的各个方面，而这种深入的理解对如何打造、经营公司是非常重要的。

（3）脱水型计划书。

脱水型计划书比前两种都短很多，一般不超过 10 页。这种计划书的目的是提供公司的初步概念，是对人员、机会及财务要求等方面情况的简明描述。这样的计划书能检测他人对文化创意想法的初始反应。这也是创业者能与他人分享的文件，可以通过这种分享获取一些反馈信息，从而决定是否要花更多的时间与精力来准备比较详细的计划书。

备　注

## 二、创业计划书的构成

创业计划书是创业者商业理念的书面表达，它将判明市场机会并给出文创公司的发展规划。它的阐述必须建立在一系列科学的假设基础之上，并需要证明致使公司成功的假设是可靠和可信的。因此，撰写一份文化创意创业计划书是一项非常复杂的任务，必须按照科学的逻辑顺序对许多可变因素进行系统的思考和分析，并得到相应结论。在思路确定下来后，应当制定一个

随堂笔记

详细且合理的提纲，最好是按照商业计划或业务体系进行规划。

具体来说，创业计划书主要包括介绍创业项目的主体创业者或创业团队创业项目是什么、文化创意内容的亮点是什么、提供什么样的产品或服务以及如何将创业计划书中的想法落地，如何去执行创业计划。根据这些原则，创业计划书要展现的信息可以概括为七个要素。

1. 摘要

文化创意创业计划书摘要是风险投资者首先要看到的内容，它必须激起投资人的兴趣，需要用精练的文字从各方面展现公司状况，介绍公司过去的发展历史、现在的情况以及未来的规划。

初创团队摘要大多包含以下几个方面的信息：产品机会描述、产品概念、行业概述、目标市场、竞争优势、经营模式，以及诱人的盈利模式、团队和投资邀约等。摘要需要对商业计划有更加深入的了解，在完成计划书的其他部分之后回过头来撰写。

创业计划书最重要的部分就是摘要。如果摘要没能吸引读者，他们就不太可能会阅读计划书的其他部分，或者联系创业者以获取更多信息。因此，创业者需要把摘要中最具吸引力的部分放在前面，也就是在第一句或第一段就强调此次创业机会是有潜力的，从而抓住投资人的心。

2. 市场分析

这个部分的目的在于，说明创业者所发现的“产品机会”究竟是否构成商业机会，市场有多大，为什么这是一个必须抓住的重要市场。首先要从文化创意内容入手，从广义上概述公司属于哪一类别文化创意创业项目，可以尽量把文化创意内容概述宽泛一些，从而让阅读者能清晰地看到此次商机的巨大潜力，尽管实际操作中只是聚焦于一个细分市场、一类消费产品。

细分市场描述是要描述这个细分市场的规模、增长、主要公司、趋势等方面的内容，这些因素环境构成重要影响。写这个部分的时候，最常见的错误是只关注自己的公司。创业者切忌操之过急，应该理性、客观地分析整个行业，彰显市场空缺。

对市场的描述需要包括以下内容：描述市场空白点，或者存在的问题，及其严重程度；确定公司有多少潜在用户（细分用户定位）；市场规模和前景如何（市场容量上限和发展趋势）；怎样行之有效地做市场（品牌定位和营销策略）。与团队初创文化创意产品直接相关的市场数据越详细越好。

3. 竞品分析

竞品分析包括对整体行业现状和未来趋势的分析，对竞争对手的了解和

备　注

研判，明确竞争对手的优势和不足。评估主要的潜在竞争对手，可通过销售量和销售收入（定价）、增长、市场份额、成本定位、产品类别、客户支持、目标客户群和分销渠道等指标来评估。

用上述相同的指标评价自身，说明自身的文创产品有什么特色、有什么特别的核心竞争力。

4. 产品或者服务

文化创意产品和服务是计划书的核心内容，主要包括：

第一，文化创意产品或服务是什么。

第二，文化创意产品或服务是通过什么技术或手段来实现的。

第三，文创产品将向消费者提供的价值、向社会提供的价值。

第四，与市场已存在的产品或服务相比，该文化创意产品或服务有哪些卖点与优势。

对文化创意产品的服务性能各方面情况进行介绍，完成这部分之后，才能准确介绍公司和商业概念。这种介绍应该洋溢着创业者的激情，更好地推销创业愿景，既要有理性的数据，又要有感性的召唤。数据的支持，简明扼要、切中要点的表述，会让人过目难忘。

清晰描述了文化创意产品之后，将自己和竞争者的产品用图表方式直观地呈现出来，恰到好处地凸显特别之处。对竞争者图表的呈现，能够直观地反映未来有机会填补的市场缺口或满足的市场期望。

5. 时间节点

时间节点是指在整个创业过程中规划重要的时间节点。在文化创意商业计划书中通常会包括文化创意产品的上线时间、公司收入零的突破时间，以及财务指标盈亏平衡的预期时间点等。

6. 财务分析和融资需求

风险投资者期望从财务分析部分来判断未来经营的财务损益状况，进而从中判断能否确保自己能否获得预期回报。包括以下三方面的内容：第一，过去三年的历史数据、今后三年的发展预测；第二，投资计划；第三，融资需求。

创业计划书中绝大部分内容只是对商业机会以及如何运营的文字和图像表述，财务计划则是这些表述的数字形态。营收的增长体现机会的乐观前景；支出表明推送产品或服务所需的成本；现金流量表是针对潜在问题（或重大风险）的预警系统；资产负债表体现将生产与销售系统全面落实到位的所需资源。

随堂笔记

备 注

随堂笔记

财务报表中的数字能反映所需从事的一切经营活动。测算过程中，创业者知道哪些活动会增加收益或带动成本上涨，知道公司在发展并盈利时现金流为何会出现负值。此外，创业者日后还必须将自己的计划书展示给投资者和银行家，如果对这些数字知之不详，创业者的可信度就会大打折扣。

7. 团队介绍

团队在创业的道路上有着无可替代的作用，也是投资人重点考量的方面之一。这就需要全面介绍公司管理团队情况，要展示领导者的人格魅力，以及管理团队的战斗力和凝聚力。

首先明确创始团队成员和他们的头衔。一般来说，主要创始人会担任首席执行官（CEO）一职。但如果创始人还很年轻而且商业经验有限，更有用的方式是阐明公司将在发展的过程中寻找合适的 CEO。在这种情况下，主要创业者可能是首席技术官（CTO）、业务拓展副总裁，甚至就是一个创始人。

确定责任和头衔之后，应该填写姓名和简介，简介要涵盖过往成功案例。如果创始人曾经开过相关行业公司，要突出公司的成就，如果没有创业经验，可以列举以往工作中的成就。简介中还要彰显创业者的个人领导能力。为支持、补充这些简介，可以在计划书的附录中加入个人简历。

## 三、计划书撰写步骤

### （一）创业计划书撰写的主要步骤

1. 确定创业计划的撰写目的

撰写创业计划，一般有两种目的。一种是广泛应用于融资，以吸引投资人并成功获取资金资源。在这种情况下，通常是创业者处于资源匮乏的环境，或者需要更多的资金来实现自己的创业计划。如果是为了实现融资的目的，创业计划书就应该侧重于商业环境分析、竞争性分析、营销计划、管理团队介绍以及财务计划等内容。另一种是用于创业团队内部，主要是便于团队内部沟通并认同项目的价值，明确项目的战略规划与行动方案，便于项目的实施管理。在这种情况下，重点在于如何高效地执行这个项目。因此，该类创业计划书对于管理团队、经营管理计划方面的内容无须过多描述，而应该强调项目的重要性、项目的实施进度等偏实务方面的内容。

2. 确定创业计划书的读者对象

不同的读者对象，所关注的创业计划书内容侧重点会有较大的差别，这当然与撰写创业计划书的目的存在密切的关系。如果撰写人对个人的需求非常明确，对读者对象了如指掌，一定能够将重点信息提供给目标读者。因此，

备　注

随堂笔记

明确个人的需求，了解读者对象的需求，是成功撰写创业计划书的必要准备，也是成功实现个人目的的前提。

如果你的创业计划书是为了获取资金等资源支持，读者就是投资人或者贷款方。投资人最关注的是盈亏平衡点、投资回报、项目的长期发展潜力以及创业团队能力，贷款方则更多地关注项目的风险。

3. 收集所需要的信息资料

充足的信息资料将有助于你完成一份分析透彻、论据充分、内容丰富的创业计划书。因为创业计划书涵盖面很广，可能需要就各个构成要素准备信息资料，而且市场环境分析、竞争性分析、目标市场定位以及项目可行性等关键内容都需要充分的数据和信息来支撑。因此，信息资料的收集和准备也是创业计划书撰写过程中的关键环节。

4. 设计创业计划书框架

这里所说的创业计划书框架，并非通用的创业计划书内容结构框架，而是一个充分说明创业项目特色、各部分子标题更加细分明确的创业计划书框架。换言之，就是构建出创业计划书的目录，以及二、三级标题。

构建创业计划书框架时，要依据撰写目的与读者对象，考虑一般创业计划书的基本构成要素，结合创业项目的性质与特征，根据所收集的信息资料，逻辑清晰、次序连贯，并且应该便于让自己或读者找到需要重点关注的内容。无论是整体思路和逻辑，还是重点部分的子标题，都应该充分突出和体现创业项目的特色与亮点。

5. 开始撰写创业计划书

做好了以上四点准备，撰写创业计划书还要注意以下几点：

第一，把握创业计划书的主要要素，且内容完整。

第二，创业项目的特色得以充分体现。

第三，整体逻辑清晰，行文流畅。

第四，分析透彻，论据充分、客观。

第五，针对性强，根据不同的读者对象能够突出自己要表达的重要信息，而一些相对不重要的内容不必用过多笔墨。

第六，无论是你的论证，还是你的团队能力与具体行动方案，都要让人觉得可以信服。

备 注

### （二）创业计划书撰写的技巧与注意事项

1. 研讨创业构想

构想指作家、艺术家在孕育作品过程中的思维活动，也指构想的结果。

随堂笔记

创业构想是创业者在创业想法形成及实施过程中，对创业计划的思考、论证和分析。创业构想涵盖了创业计划的各个方面。要让创业构想在创业企业日后的经营过程中发挥良好作用，创业者至少要从以下几个方面进行深入思考。

（1）确立正确的创业目标。

赚钱是重要的目标，但并不是唯一的目标，因为创业本身应该有理念，理念会带动很多新的产品创意和实践冲动。大多数成功创业者的创业目标并不主要是为了赚钱，而是基于自己的兴趣，或者为了解决现实生活中的一些问题。开始研讨创业构想的时候，创业者一定要明确创业的目的是什么、创业要做什么及如何做等问题。

（2）寻找适合的创业模式。

选择合适的创业模式，是创业成功的关键。准确判断自己的优势和劣势，选择最适合自己的创业模式，可以化解很多不利因素。创业模式是创业者为保障自己的创业理想与权益，而对各种创业要素的合理搭配。一个适合的创业模式，未必需要投资一大笔资金，未必需要具有很大的规模，甚至未必需要一处办公场所或一个店面。对一个创业者来说，一个真正好的模式，应该是适合自己的，即有能力操作而且能把现有的资源进行有效整合。是通过白手起家，还是通过收购现有企业或进行代理、加盟，在家创业还是网络创业，是研讨创业构想阶段创业者必须明确的问题。

（3）规划合理的创业步骤。

规划创业步骤是一个循环的过程，首先要分析：创意从哪里来？怎么会有这个创意？资金怎么找？怎么组建团队？产品的市场营销怎么做？对这些问题的考虑是一个周而复始的修改、完善和论证过程。

备　注

（4）制定清晰的创业原则。

网络上列出的创业原则非常之多，在研讨创业构想的时候，创业团队一定要针对自己的特定情况，制定适合团队和项目的创业原则。一般来说，就像创业的目标不仅仅是为了赚钱一样，在创立公司的时候，创业团队也不应该一直想着什么时候才能赚钱。面对非常艰苦的创业工作，清晰、简洁、能够得到团队成员认可的创业原则，有助于形成团队的凝聚力，帮助创业团队在任何情况下都能坚持下去。

（5）创造有利的创业条件。

创业不一定要有重大的发明或全新的创意，只要能够有一定的市场需求，对现有资源的整合和再利用也会有助于创业成功。重要的是，创业企业未来提供的产品或服务在市场上会不会成功，市场的需求如何，创业团队的能力怎样。合适的人在合适的时间做合适的事情，会形成非常有利的创业条件。在研讨创业构想时，创业团队应认真对自己的创业条件进行深入思考，选择对创业有利的自然条件，努力创造有利于创业成功的社会条件。

（6）确定明确的创业期限。

充分的准备尽管有助于降低创业风险，但是过长时间的准备可能会消磨创业者的意志，冷却创业激情。因此，创业初期，应确定一个合理的创业期限，包括开始创业活动的时间、将产品和服务推向市场的时间、实现盈亏平衡的时间等。采用精益创业的方式，有助于缩短产品和服务推向市场的时间以及达到盈亏平衡的时间。

（7）建立良好的投资关系。

如何寻找合适的外部投资者、和外部投资者应该建立什么样的关系等，也是创业构想研讨阶段必须思考的问题。当创业需要外部融资时，创业团队就应该考虑投资者关系管理的问题。通过研讨，要确定好创业团队和外部投资者各自的股份比例，要选择能够跟自己一起同甘共苦的投资者，要寻找有很大影响力的投资者。这样一方面可以筹集到创业资金，另一方面可以借助投资者的经验和力量。当然，创业团队还要通过合理的股份构成和分配机制，与投资者建立长久的良好合作关系。

（8）组织高效的创业团队。

高效的创业团队中不一定都是顶尖的人才，事实上，只要遵循创业团队的组建原则，做好团队的管理，团队成员适合做创业企业中对应的工作，能够做到优势互补、精诚合作，凝聚在核心创业者的周围，为共同的创业目标而奋斗，就算创业团队比较简单和朴素，团队的成员也不一定很强，但是仍然可以算得上一支优秀的团队。在创业构想研讨阶段，创业者就应该了解高效团队的特征，避免日后组建团队时的盲目和不切实际。

2. 分析创业可能遇到的问题和困难

认真分析创业过程中可能会出现的问题和困难，做好充分准备，将创业风险降到最低，这个过程有助于创业者做好充分的心理准备和应对策略，减少创业失败的可能性。通过市场调查，以及与圈内专家和同行业企业的创业者进行座谈，创业者对未来可能遇到的困难会有所了解。一般来说，创业过程中可能会遇到创业者自身层面以及创业企业层面两大方面的问题和困难。

创业者自身层面的问题表现为创业者或团队的身心不适应，知识、能力

随堂笔记

备　注

随堂笔记

和资源不够，以及对以往社会关系的影响等等。

创业初期，创业者可能要投入大量的时间和精力在创业活动上，周末或者节假日工作也不足为奇，因此，一个健康的身体是创业必不可少的要素之一。否则，创业者会感到吃力，也就难以在遇到困难的时候坚持下去。对大学生来说，心理上的不适应可能是创业过程中遇到的更大难题。从一个普通就业者或者在校大学生走向创业之路，就意味着要在创业活动上花更多的心思，要从全局的观点，站在未来发展的角度看问题，而且无论是战略还是战术层面的问题，都需要创业者亲自过问。对企业前途的思考和担忧，对企业工作的安排和布局，无时无刻不在创业者的脑海中盘旋，尤其是问题出现时的解决之道，更是创业者必须思考的问题。这些问题带给创业者的困扰，加上繁琐的日常工作对原有生活秩序的破坏，可能会使创业者感到身心疲惫，有相当长时间的不适应期。一些意志薄弱者甚至会因此而放弃。如果创业初期能找到或组建一支合适的团队，就可以将繁重的创业工作进行合理分配，尽快适应创业的生活状态，减轻身心不适应给创业过程造成的困扰。

在资讯快速发展的当今社会，知识的淘汰率很高。据统计，现在新技术信息每两年增加一倍，意味着大学一年级学的知识到大学三年级就有二分之一过时了，现在急需的职业可能在四年后就消失了，这在一定程度上会对创业活动开展造成不利影响。一个知识和技能互补、资源互补的团队可以解决部分问题；创业者学习能力的提高，终身学习的学习习惯的养成，以及社会关系的正常维护，也可以在一定程度上解决部分问题。创业企业层面的问题和困难表现为企业在日后经营过程中可能面临的不同风险，如项目和市场风险、技术风险、团队风险、管理风险、资源风险等。

备　注

3. 常见的创业计划书撰写问题

以下几个问题，是创业者在进行创业计划书撰写中经常忽略的问题，需要我们格外注意：

第一，一定要创业者自己撰写，别人无法替代。

第二，投资者关心财务状况，更关心能否实现预期财务战略目标。

第三，清楚显示与竞争对手的明显差异，不能陷入“我也是”的境况。

第四，明确目标市场，提供顾客真实存在的证据。

第五，认真校对，不要出现错别字和语法错误。

第六，要有现金流预测，这对新创企业的生存至关重要。

第七，保持计划书的简洁，内容简明扼要，篇幅不要太长。

第八，陈述事实，尽量避免“我认为”“我估计”等主观判断和猜测。

随堂笔记

第九，给创业计划一个有吸引力的封面。

4. 检验创业计划的方法

检验创业计划是对创业计划的项目做出的一个可行性评估，主要是从创业计划的真实性、营利性、发展性等多个方面进行检验。总的来说，创业者对创业计划的检验是件非常细致的事情，需要创业者有很好的耐心和足够的敏感度。为了降低创业风险，就需要仔细推演和论证，在此基础上不断修正自己的创业计划。

在走上创业这条路之前，你应该先问自己以下几个问题，检验一下你的创业计划：

（1）你能否用语言清晰地描述出你的创业构想？

你应该能用很少的文字将你的想法描述出来。根据成功者的经验，不能将这一想法变成自己的语言的原因大概也是一个警告——你还没有仔细地思考吧！

（2）你真正了解你所从事的行业吗？

许多行业都要求选用从事过这个行业的人，并对其行业内的方方面面有所了解。否则，你就得花费很多时间和精力去调查诸如价格、销售、管理费用、行业标准、竞争优势，等等。

（3）你看到过别人使用这种方法吗？

一般来说，一些经营红火的公司的经营方法比那些特殊的想法更具有现实性。在有经验的企业家中流行这样一句名言："还没有被实施的好主意往往可能实施不了。"

（4）你的想法经得起时间考验吗？

当未来企业家的某项计划真正得以实施时，他会由衷地感到兴奋。但过了一个星期、一个月甚至半年之后，将是什么情况？它还那么令人兴奋吗？或许已经有了另外一个完全不同的想法来代替它。

（5）你的设想是为自己还是为别人？你是否打算在今后5年或更长时间内，全身心地投入这个计划的实施中？

（6）你有没有一个好的关系网络？

开始办企业的过程，实际上就是一个组织诸如供应商、承包商、咨询专家、员工的过程。为了找到合适的人选，你应该有一个服务于你的个人关系网。否则，你有可能陷入不可靠的人或滥竽充数的人之中。

（7）你明白什么是潜在的回报吗？

每个人投资创业，目的之一就是赚钱。可是，尽快致富的设想中隐含的

备 注

随堂笔记

不仅仅是钱。你还要考虑成就感、爱、价值感等潜在回报。如果没有意识到这一点，那就必须重新考虑你的计划。

## 任务实施

1. 撰写创业计划书

（1）实训目标。理解创业计划书的重要性：掌握创业计划书在创业过程中的关键作用，了解如何撰写一份完整、有说服力的创业计划书。

培养创新思维：通过撰写创业计划书，激发学生的创新思维，鼓励他们提出新颖的文化创意项目。

提升创业实践能力：通过市场调研、团队分工、财务分析等步骤，提升创业实践能力。

增强团队协作能力：在撰写创业计划书的过程中，培养团队协作能力，提高沟通效率。

（2）实训内容。

①团队分工：根据项目需求，明确团队成员的职责和任务，进行合理分工。

②撰写创业计划书：

封面：包括项目名称、团队名称、团队成员、联系方式等基本信息。

目录：清晰列出计划书的主要内容。

项目概述：简要介绍项目的背景、目标、市场机会等。

市场分析：详细分析目标市场、消费者需求、竞争对手等。

产品或服务介绍：阐述项目的产品或服务特点、优势、开发计划等。

营销策略：制定市场推广、品牌建设、销售渠道等策略。

运营管理：描述项目的运营管理计划、团队结构、人员配置等。

财务预测：进行财务预测，包括收入、成本、利润等关键指标。

风险分析：识别项目的潜在风险，并提出应对措施。

（3）实施步骤。

①根据市场调研报告和项目特点，撰写创业计划书。

②团队成员分工合作，共同完成计划书的各个部分。

③修改与完善：团队成员对计划书进行反复修改和完善，确保内容准确、完整，具有可行性；邀请老师或行业专家进行评审，提出修改建议。

④展示与答辩准备：制作展示 PPT 和相关资料，准备答辩内容。

（4）评估标准：创业计划书的内容完整性、创新性、可行性；团队的协作能力、沟通能力和展示效果。

备 注

随堂笔记

# 任务 2 项目展示及路演

## 任务知识

### 一、创业计划书的展示

创业计划展示的准备：

如果想做一个精彩的创业计划展示，就必须精心准备，并经常进行模拟演练。巧妙构思展示的内容，制作专业的展示幻灯片，可以提高展示者的信心，使展示获得满意的效果。

（1）明确展示的目的与观众。在展示自己的创业计划之前，首先需要确定展示的目的，以及观众的相关信息。需要注意的是，创业计划必须严格保密，严防落入竞争者手中。为了保密，一般会限制创业计划复本数量，对特定对象准备特定复本，要求接收文件者不用时将计划放在文件柜或办公室锁好以确保安全。创业计划的封面也会写明“机密文件，未经许可，严禁复印”等字样。

（2）确定展示的人员与方式。对人员的出场或“表演”方式，也可以适当地设计一些花样。一切都是为了更好地表现出创业者的精神面貌，以及产品的独特性。

（3）准备展示的素材和设备。目前，在进行创业计划展示时，用到的素材包括创业计划书和展示幻灯片。如果有产品模型，就锦上添花了，可以省去很多烦琐的说明。如果需要视听设备，应事先准备好。无论选择哪种方式展示，都要注意展示过程中的核心元素是展示的人。所以展示的幻灯片一定要做得简明扼要，只提供展示的总体框架以及强调发言内容的重点，展示者要将观众的目光吸引到自己身上，再想方设法使展示变得生动有趣、充满激情。可以使用丰富的表情感染、鼓舞观众，也可以多和观众沟通、交流。

（4）进行展示的预演和调整。在正式展示之前，不妨和团队伙伴们一起进行模拟预演，可以请其他同学或老师扮演裁判，帮助你把展示调整到最佳。练习得越多，你的表达会越熟练，就会表现得更自信、更完美。同时，在这个阶段，你也可以设想真实展示中可能遇到的种种问题或状况，做好迎接挑战的准备。

备 注

随堂笔记

## 二、幻灯片的设计展示技巧

### （一）幻灯片内容设计

1. 6–6–6 法则

展示的幻灯片不宜过于复杂，应尽可能简单，不妨应用 6–6–6 法则，即每行不超过 6 个词语，每页不超过 6 行，连续 6 张纯文字的 PPT 之后需要一个视觉停顿（采用带有图、表的 PPT）等。

在一般情况下，一场二三十分钟的展示需要 10~15 张 PPT，不追求全面，要抓重点，尤其是观众可能感兴趣的部分。一定要记住：展示的重点应放在观众而不是演讲者感兴趣的地方。

2. 10–20–30 法则

著名风投资本家盖伊将他的撰写创业计划方法概括为“10–20–30 法则”，对于创业者，撰写好创业计划很有借鉴意义。盖伊建议，企业家在阐述商业计划时能用 10 张 PPT 在 20 分钟内用 30 号的字体将创业思想阐释清楚。这个法则适用于很多场合：公司融资、产品销售、合作伙伴洽谈等。

10 页是 PPT 演示最理想的页数。因为普通人在会议中很难接受和消化超过 10 个以上的概念，投资人也是如此。如果你的业务一定要用超过 10 页 PPT 才能解释清楚，那么说明你现在的业务模型需要调整。

20 分钟演示。你必须在 20 分钟内讲清楚 10 页 PPT 的内容。也许你有 1 个小时的会议时间，但是之前需要预留时间调整投影仪和 PPT，之后还要考虑到部分人员可能迟到或者必须提早离开。因此，理想的演示时间是 20 分钟，其余 40 分钟的时间预留给问题交流和其他意外情况。

备 注

30 号字。很多创业计划 PPT 中的字号都在 10 号左右，一页 PPT 中写满了文字，然后演讲者去读这些文字。这不是一种很好的方法，因为台下的人一旦发现你在照着读，他们就会自己去阅读这些文字，而你读的速度肯定要慢于他们阅读的速度，最后造成你和你的观众不同步。

“10–20–30 法则”阐述了简洁对于创业计划书的重要性，不仅是内容，还在于思路。精简的内容意味着明确的思路，明确的思路意味着核心的优势。在竞争激烈，许多二、三线队伍依赖细枝末节博出位的中国创投市场，哪支团队能靠雷打不动的核心竞争力吸引投资人，它一定是行业中最优秀的。

### （二）项目路演及注意事项

写好了文化创意创业计划书，只是融资的第一步。通常，投资人看到文化创意创业计划书之后，可以对项目做出初步判断，如果感兴趣，就愿意和

随堂笔记

创业团队见面沟通，通常是和CEO直接沟通。这种见面沟通也就是通常所谓的项目路演。项目路演通常分为公开路演与一对一路演。在路演中，需要掌握以下要点：

（1）热情饱满。一个创始人必须发自内心地热爱自己所做的项目、所做的事情，向别人介绍项目的时候，让所有的人为创业者的热情所感动。

（2）逻辑清晰。有时候，创意还没开始做，或者说还是一个想法，但一定要把整个逻辑梳理清楚，可以没有完美的PPT，但一定要把整个创业的结构理清楚——为什么（这个创意）能够存在，为什么能够做成，未来它是个什么东西。创业者在打磨这个脉络的同时，也在梳理整个创业的想法。

（3）侧重公司/产品介绍。路演重点不要放在介绍行业上面，成熟的投资者不愿意花太多时间去听行业方面的泛泛而谈，创业者应该把重心放在介绍自己的文化创意公司及产品上。

（4）表达生动严谨。每个部分讲什么要事先明确。路演过程中，所配合的PPT要简短、清晰、准确，商业实例中还要经过律师审阅，千万不可以出现招股书没有的内容，可以配合一些生动的故事来调节现场氛围。但是不要为了调节气氛而用一些无用的玩笑来分散观众的注意力。

（5）关照受众疑惑。路演之前，需要对受众的感受有直观的预测，思考受众对创业公司有哪些疑问。把它整理出来并准备好答案。如果一些问题都能很好地解答，那么创业者在创业中真遇到这些问题的时候，便能够胸有成竹地应对。

（6）善待投资者。投资者跟创业者的关系类似创业者和股东的关系，要把每一个投资者都看成宝贵的资源。创业者应该善待每一个投资者，投资者关注商业计划书的介绍，说明愿意在创业者身上花时间。有了初步的投资的可能性，即使投资人不会立即做出对创业者进行投资的决定，但在未来的创业过程中也有可能对创业者提供帮助。对创业者来说，现在创业除了选择方向以外，就是怎么样让业界相信创业者的故事，怎么样让业界的人愿意加入，一起来实现理想。

备 注

## 拓展阅读

检验计划书的11条测验

1.“电梯”测验

你能在大约电梯上一层的时间里，用最多两个短句告诉我你的生意如何获利吗？电梯测试是广为人知的电梯销售演讲的变本。你必须清楚你如何赚

随堂笔记

钱，商业计划必须简单明了。

用来检验新公司的一个测验就是看公司被解释的难易程度。如果一个人能在他的名片后面概括他的公司计划的话，通常意味着他能向员工、顾客和利益相关者描述公司的目标。

2.“最多三件事情”测验

成功有赖于创业者将其能力集中在有限的几个关键领域。当审视一个商业创意时，你需要问自己如下问题：这里决定我成功的三件事是什么？我具备在这个范围内成功的必备能力么？如果没有，如何获得？

3.“假如你是顾客”测验

把你放在潜在顾客的位置上，问自己一系列的问题：在已有选择的基础之上，我会买这个公司的新产品和服务吗？如果是，为什么？作为一个潜在的买家，我是独一无二的吗？还是很多人和我一样？我会以现在的全价购买产品和服务吗？购买服务有多快、多容易？我会立刻购买，还是先了解一下？

4.“差异化和市场领导权”测验

成功需要你的生意与众不同并能统治一些东西。当小池塘里的大鱼比当大海里的小鱼要好得多。定义你的市场——即使它只是一个更大市场的一小部分，这样你才有与众不同之处吸引部分顾客，让你统治这个领域。与众不同者必胜，千篇一律者必败无疑。

5.“我会被包围吗？”测验

在创业之前，你必须估计很常见的现象带来的风险，以及妨碍你长期成功的可能性。要使公司具备一些结构特性，从而让供应商和合伙人难以竞争。从一开始你就要考虑你是否能有效构建你的公司，阻止合伙人和供应商复制你向顾客提供价值的企图。

备　注

6.“成本翻番”测验

“成本翻番”测验的本质是：你预料到会出现问题，每件事都比预期的费用要高，通常需要更多的时间实现收益。这个测验检查你犯错误的回旋余地，很显然，余地越大越好。看一下你的利润计划（预期的花费、收益、取得收益的时间），问自己如下问题：如果成本翻番，这还是一份好的商业计划吗？如果第一年的收益只有预期收益的一半，成本又翻番，这还是一个好创意吗？

7.留下“犯错误试验的空间”测验

好的商业创意通常留给你很大的犯错误的空间。记住，你最后挣的钱不一定来自打算挣钱的地方。在你投入时间和精力检测你的公司前，使用这个测验最有价值。一旦你已经完善了你的业务模式，就没必要选择如此大胆的假设。

8.“依赖性”测验

任何公司的重要风险来源之一就是对某个供应商或者顾客的巨大依赖。首要法则就是单一顾客不能占据一个公司销售额的35%。所以，问问自己：我的公司是否严重依赖某个公司呢？如果答案是肯定的，有办法减少这种依赖性或者减轻潜在的损失吗？如果你打算创立的公司严重依赖某个公司，要考虑如下两个问题：这种依赖性会榨取我的利润吗？如果我依赖的公司停业或者不再同我做生意，将会发生什么事情？在当今激烈的竞争环境中，不幸的现实是，公司不再像以前那样具有同样的价值了。过去，一个公司在一年中获得了特定收入，下一年（管理良好的情况下）也会得到类似的收入。今天，因为没有持续创新，一个公司的收入将迅速逐年下滑。当今的买家要购买的是一个能够不断自我更新的产品，而不是一个一成不变的东西。

9.“多股收入流”测验

控制风险的传统方法之一就是多样化，这涉及公司收入，是指公司从多个来源获得收益的能力。

10.“脆弱性”测验

“脆弱性”测验或者说用来分析商机的“最坏的情况是什么”的方法，是在开始时问这样一些问题：如果公司开业运转了，什么事情会让我的公司瞬间倒塌？我如何预测现有的和潜在的竞争者对我的公司做出的反应？是否有竞争者有能力将我的公司立刻扫地出门？为什么现有竞争者不会对我的进入做出反应？

11.“不只是一条路”测验

如果你的公司，或者你将使用的技能，能够灵活地朝多个方向发展，你将更有可能成功。但是如果你正在启动一个只有一条路可走的公司，那么停下来反复思考，你有多少犯错误的机会。

## 任务实施

1. 根据创业计划书制作项目展示 PPT 及项目路演

（1）实训任务目标。

培养演讲与展示能力：通过制作 PPT 和进行项目路演，提升商业展示、沟通表达能力。

随堂笔记

备 注

随堂笔记

深化项目理解：通过将创业计划书转化为项目展示 PPT，深化对创业计划的理解，并学会如何以简洁而有力的方式展示复杂的商业计划。

增强团队协作与反馈吸收能力：在团队合作中，有效分工、集思广益，整合并展示团队的创业计划，接受导师和同学的反馈，不断优化项目方案。

（2）实训任务内容。

任务 1：制作项目展示 PPT

任务描述：学生根据之前完成的创业计划书，制作一份精练且吸引人的项目展示 PPT，重点突出创业项目的亮点、市场机会、商业模式、产品或服务创新、营销策略、财务预测等核心内容。

要求：PPT 应该简洁、直观，避免过多文字，利用图表、数据、图像和关键点来展示创业计划的核心内容；PPT 的结构应逻辑清晰，便于理解。

封面：项目名称、团队成员、日期等。

项目背景：简要介绍市场需求、行业背景和项目的创意来源。

市场分析与机会：展示目标市场、市场规模、竞争分析及市场机会。

商业模式与价值主张：介绍项目的商业模式、收入来源、核心竞争力等。

产品 / 服务介绍：突出项目的产品或服务特点、创新性和市场差异化。

营销策略与渠道：展示产品推广、品牌策略、营销渠道和推广活动。

财务预测与资金需求：总结项目的财务状况、资金需求、收入预测等。

团队与执行能力：展示团队成员及其经验、团队优势等。

风险分析与应对策略：简要列出项目面临的主要风险及应对措施。

总结与呼吁：总结项目亮点，激励投资人或合作伙伴行动。

视觉设计：PPT 应具备良好的视觉设计，保持一致的配色方案，适当使用图表、图像和动画，使展示更加生动、易于理解。

语言简练：文字应简练，突出要点，每一页的内容不宜过多，避免过多的文本堆砌，注重关键数据和图形的呈现。

任务 2：项目路演准备与演练

任务描述：学生需要在团队内进行项目路演演练，模拟向投资人、合作伙伴或其他利益相关者展示项目，并通过互动问答环节加深对创业项目的理解。

演讲内容：基于项目展示 PPT，团队成员需进行全方位的路演演讲。演讲内容应与 PPT 一致，并具备足够的深度和吸引力。

开场白：简短的自我介绍，吸引观众注意力。

问题阐述：阐述创业项目所解决的市场问题或痛点。

备　注

随堂笔记

解决方案：通过介绍产品或服务展示如何解决上述问题。

市场机会：明确市场需求和商业机会，突出产品的竞争优势。

盈利模式：清晰阐述项目如何盈利、预计的收入模式。

融资需求：如果适用，简要阐述所需资金及其使用计划。

结尾：强调项目亮点，呼吁投资人或合作伙伴参与，激发他们的兴趣。

互动环节：路演过程中，留出时间接受提问。团队成员需要根据提问进行即兴回答，表现出对项目的深度理解和自信，尤其是对风险、财务、市场竞争等方面的提问。

演讲技巧：演讲者需注重语音语调的变化、身体语言、与观众的眼神交流等，确保演讲生动、有说服力。

时间控制：演讲时间应控制在 10~15 分钟，确保内容重点突出、演讲不冗长，能够引发观众的兴趣。

任务 3：团队协作与分工

任务描述：学生需在团队内进行合理的任务分工，确保每个成员都能够充分参与项目展示 PPT 的制作和路演的准备。

团队分工：团队成员应根据自己的特长和兴趣合理分配任务，如 PPT 设计、市场分析、演讲内容撰写、演讲练习等。

协作精神：团队成员在任务分工的同时，需要保持良好的沟通和协作，确保 PPT 内容一致、演讲内容流畅。

演练与反馈：在团队内部进行多次演练，互相提供反馈和建议，完善演讲内容和 PPT 设计。

（3）评估标准。

PPT 的质量与设计：PPT 是否简洁、专业，内容是否结构清晰，视觉设计是否吸引观众。

项目路演的表现：演讲者是否清晰、有条理地阐述创业项目的核心内容，语言是否有说服力。

内容的深度与完整性：项目展示是否覆盖创业计划书的关键部分，内容是否具有深度和逻辑性。

互动能力：路演过程中，团队是否能够有效地回应问题，能否展示出对项目的深入理解。

团队协作与分工：团队成员是否能够分工合作、完成任务并展示出良好的团队协作精神。

时间管理：展示时间是否合理，能否在限定时间内完成展示并回答问题。

备　注

随堂笔记

## 模块小结　任务实施情况综合评价

1. 技能点评价表

使用说明：按评价指标评价项目技能点成绩，满分为 100 分。其中，作品文案占 60 分，展示陈述占 40 分；教师评价占 70%，学生互评占 30%。

| 技能点评价指标 | | 分值 | 得分 |
|---|---|---|---|
| 作品文案 | 创业计划书完整性、原创性 | 30 | |
| | 路演 PPT 的完整性、美观度 | 30 | |
| 展示陈述 | 演讲专业程度 | 10 | |
| | 语言技巧与非语言技巧 | 10 | |
| | 团队合作配合程度 | 10 | |
| | 时间分配 | 10 | |

2. 素质点评价表

使用说明：按评价指标评价项目素质点成绩，优秀为 5 分，良好为 4 分，一般为 3 分，合格为 2 分，不合格为 1 分。评价分为学生自评与小组成员互评。

| 评价对象 | 素质点评价指标 | 分值 | 得分 |
|---|---|---|---|
| 学生自评 | 团队协作能力 | 5 | |
| | 交流沟通能力 | 5 | |
| | 信息素养与学习能力 | 5 | |
| | 独立思考与创新能力 | 5 | |
| 学生互评 | 成员姓名 | 得分 | |
| | | | |
| | | | |
| | | | |
| | | | |
| | | | |

注：①团队协作能力，是指能态度端正，积极参与小组讨论，遵循小组任务分配，合作完成项目；②交流沟通能力，是指能良好地表达自己的观点，善于倾听他人的观点；③信息素养和学习能力，是指善于搜集并借鉴有用的信息、好的思路和想法；④独立思考与创新能力，是指能提出新的想法、建议和策略。

备　注